中井正一再考

集団／身体／言語活動

La reconsidération de Masakazu Nakai:
collectivité, corps et langage.

門部昌志
Mombe Masashi

装丁　柴田淳デザイン室
カバー写真　「オリヴェイラへのオマージュ」

目次

第五章　中井正一と概念の問題　109

集団的思考における危機　提案としての「委員会の論理」

第一章　中井正一再考——集団的思惟の機構について

一　中井正一の生涯

中井正一《なかいまさかず》（一九〇〇～一九五二）は、周知のように、論文「委員会の論理——一つの草稿として」（以下、「委員会の論理」と略記）によって知られる美学者である。日本ファシズムの台頭した一九三〇年代において、中井は、集団的主体性の論理を探究しつつ、隔週刊の新聞『土曜日』や同人雑誌『世界文化』を通じた反ファシズム文化運動に参加した。

中井は美学者を自認していたが、しかし特異な美学者であった。既存の芸術観が芸術と機械を対立させていたのに対し、中井は機械のもつ美を論じてみせた。そして映画の価値が今日のようには確立されてはおらず、ようやく芸術として認知されつつあった時代、彼は色彩映画の実験に関わり、映画を積極的に論じている。中井はまた、スポーツや探偵小説、さらには新聞も美的観点から論じている。極めて多彩な彼の研究で共通するのは、芸術から逸脱するものを排除せず、むしろそれらを挺子にして独自の美学を模索する姿勢である。「ジヤズ、レビュー、スターシステムのキネマ等は拙きその過渡現象《かとげんせう》である。それが未《いま》だ拙劣《せつれつ》であるからとて、未来《み》の美《び》に悲《かな》しみを持《も》つ必要《ひつよう》はない(1)」。彼は芸術と非芸術の境界線に固執するのではなく、現在の非芸術が未来に芸術へと移行する可能性に気がついていた。なかでも、映画には、集団性、利潤性、レンズなど当時の芸術観とは異質な要素が含まれており、中井が新しい美学を創出する契機となった。それはまた集団的主体性の論理を構想する際のモデルの一つとなった。

新たな美学に関する中井の探求は、一九三〇年代の危機的状況のなかで政治的性格を露にしてゆく。一九二〇年代半ば、「カント判断力批判の研究」(卒業論文)から出発した中井は、その後、カッシーラーとハイデガー、そしてヘーゲルやマルクスらの思想を批判的に摂取しつつ、一九三六年、独創的な論文「委員会の論理」を『世界文化』で発表した。一九三〇年に中井はカッシーラーの機能概念を手がかりにして関係論的思考を受容した。それはさらに、主観と客観を対立したものと看做す形而上学的な二分法を批判し、二項が相互に転換する動的な思考へと発展した。しかし、次第に中井はこの機能の論理が抽象的なものへと転化したと考えるようになり、機能主義の論理を超克する地点に到達する。そして、自己関係的な否定によって分裂し、非実体性を特徴とする過程としての弁証法的主体性を集団的主体性へと展開した「委員会の論理」を中井は執筆する。

三〇年代の中井による探求は個人的主体への批判から集団的主体性へと向かうものであった。この知的探求は種々の実践によって媒介されていた。水平社と繋がりのあった消費組合運動への参加をはじめ、『美・批評』や『世界文化』といった同人雑誌や隔週刊の新聞『土曜日』等を通じた反ファシズム文化運動に中井は関わっていたのである。『美・批評』を創刊する一九三〇年から治安維持法の嫌疑によって検挙される一九三七年までの間、同人雑誌や新聞などのメディアを通じた中井の活動は、美学的なものから政治的なものへ、そして高踏的なものから大衆性を含むものへと重層化していくかのようである。一九三〇年、中井を含む京大の美学研究者グループは、「美学・芸術学・芸術史の理論的研究誌」、『美・批評』を創刊する。しかし、一九三三年四月、瀧川事件によって同人雑誌『美・批評』の刊行は中断を余儀なくされる。その後、事件の際に法学部支持の運動を展開した新たな同人たちを加え、『美・批評』は学問的自由の擁護を標榜しつつ再出発することとなる。一九三五年二月、より政治化された第二次『美・批評』は改組・改題を経て、反戦・反ファシズムを志向する同人雑誌『世界文化』へと発展する。この『世界文化』では、中井の「委員会の論理」、あるいは久野収によるホルクハイマーの訳述（「現代哲学におけるる合理主義論争」）など理論的な論考の他、世界文化情報も掲載されており、フランスやスペインにおける人民戦線の動向が紹介されていた。この『世界文化』は読者が限られていたため、世界文化グループは一層大衆的な運動が必要であるとの見解に達した。こうしたなか、『京都スタヂオ通信』を発行していた庶民的な俳優、斎藤雷太郎と世界文化グループが協力することにより

（1）中井正一「集団美の意義」『大阪朝日新聞』（一九三〇年七月六日）。

隔週刊の新聞『土曜日』が刊行される。中井正一は、巻頭言を精力的に執筆するなど、『土曜日』に積極的に関わっている。一九三〇年代における同人雑誌を通じた集団的な研究活動は、一方では集団的主体性に関する中井の探求を深化させ、他方ではそれを反戦・反ファシズム文化運動へと導いた。

しかし、一九三七年十一月、『世界文化』と『土曜日』に関与した中井は治安維持法違反の疑いから検挙される。そして一九四〇年十二月には懲役二年、執行猶予二年の判決が言い渡される。京都で保護観察下の生活を送りながら、中井は転向と解釈しうる文章を書き綴っている。その後、中井は、疎開のため郷里、広島に移ることになる。彼は尾道市立図書館長に就任し、敗戦を迎える。終戦直後、地方では、良書は貨幣の代わりとなって闇的物資の交換の方に流れていた。農村の文化欲は飢渇のままに放任されていたのである。書物不足という状況に直面した中井は自ら移動パンフレットと称して農閑期に文化講座を開く。さらには羽仁五郎らの講師を招いて夏期大学を組織するなど、地方文化運動を精力的に展開した。

このような活動を続けるうちに、人々の信頼を得た中井はやがて周囲から広島県知事の候補者に推され、立候補するに至る。しかし、結局、知事選挙には落選し、地方文化運動も停頓期が訪れる。その後、羽仁五郎の招きに応じて中井は広島を離れ、一九四八年、国立国会図書館の副館長に就任する。その激務の傍ら、中井はインフォメーション・センターとしての図書館、あるいは機能としての図書館を論じている。そして副館長就任から四年後の一九五二年五月、胃癌のためこの世を去る。

手短に中井正一の軌跡をたどってきた。かつて鶴見俊輔は、中井正一の思想全体を「抵抗、転向、抵抗という三つの部分」に整理した。それによれば、一九三〇年代の中井は「公人として軍国化に対してたたかって言論の自由をうばわれた」。しかし、一九四〇年代の前半、中井は「私人としては戦争政策に組みする立場」へと転じてゆく。いわゆる転向の時期である。そして一九四五年の敗戦以後、中井は「大衆とのむすびつきの中で民主化のための知識人の役割を果たそうとふたたび公人として努力」した。(2) したがって、思想全体を把握するには、中井正一の「抵抗、転向、抵抗」について議論する必要がある。しかし、本稿では課題を限定し、転向期以前の一九三〇年代における中井正一を中心に論じてゆくことにしたい。とりわけ、本稿では、三〇年代に中井が発表したテクストを中心に彼の思想を再構成している。その際、メディアと思惟形態に関わる問題系、また中井における機能概念の受容及びその理論的諸帰結に注目している。ただし、テクストが世界内的な存在だとすれば、テクストの解釈はテクストが書かれた時代情況と結びつくはずである。本稿では、中井のテクストから理論的エッセンスを抽出するのみならず、三〇年代とい

（2）鶴見俊輔、「解説　戦中から戦後へ」久野収編『中井正一全集 4』美術出版社、一九八一年、三五七頁を参照。なお、公人と私人を区別する点については批判もある。

うコンテクストに中井のテクスト及び実践を位置づけることにも留意した。

二　メディアと思惟形態

一九二七年から一九二八年[3]にかけて『哲学研究』に発表された初期の論文「言語」に見出せるのは中井におけるメディアへの関心である。そこで彼は道具的言語観を否定した後、言語媒体の歴史と思惟形態の変容、とりわけディアレクティクの変容について論じている。中井自身がメディアという術語を明示的に用いているわけではない。しかし、中井における言語それ自体への関心は、知覚に対するコミュニケーション媒体の効果を問う、今日のメディア論的思考を想起させるものである。

論文「言語」の前半部分で中井は、「言語の概念的、意味志向的」研究のみならず、「言語の芸術的意味」の研究に注目している。言語における芸術的意味の研究は概念的意味の研究から切り離されたものではなく、両者は「交錯」して成立する。中井正一は言語を伝達器として見る立場を否定する。それによると、従来、言語は「単なる伝達器 Vehikel」とされていたが、それは「単なる壷であったのではなくして、酒でもあった」のである。中井にとって、言語は単に概念的内容を伝達するだけの、いわば透明なものとして考えられていたのではない。むしろ、言語そのものが「感覚的意味」を持ちうることが認められているのである。一九二〇年代後半に発表された中井のテクストから我々が見出せるのは、透明な伝達器としての言語、あるいは意味の地平に従属した思考といったものではない。むしろ、伝達器としての言語という規定によっては隠蔽されるほかはない、言語それ自体への注目である。中井によって書かれた数多くの文章が詩的な表現に満ちており、アフォリズム的な簡潔さと深みによって読者を困惑させるのは、中井の言語観が背景にあるものと思われる(4)。

道具的言語観とは異なる地平において現れた言語に対する関心は、言語媒体の歴史をめぐる議論へと展開する。論文「言語」のなかで、中井は、「話されたる言葉」から「書かれた言葉」への移行とその革命的な結果に注意を喚起している。その際、中井が手がかりとしたのはギリシアに関するＳ・Ｈ・ブチャーの著作であった。

「我々は、近代の世界で最も遠く及ぶ影響を与へた発明が印刷の発明だといふことを、當然のやうに考へてゐる。然し我々は、古代の世界が更にもつと大きい発見を——書くといふ術の発見

(3) 一九二八年はソシュール『一般言語学講義』の小林英夫による翻訳が刊行された年でもあった(『言語学原論』)。これ以降、中井の論考にソシュールの名が散見されるようになる。例えば、「発言形態と聴取形態ならびにその芸術的展望」(一九二九年)、「意味の拡延方向ならびにその悲劇性」(一九三〇年)などである。

(4) 本稿では、中井による詩的記述を詩的記述によって語るという方法を回避した。確かに、道具的言語観を否定する立場から詩的実践に赴くことは遂行的矛盾を避ける一方策である。けれども、詩的実践への耽溺はある種の貧しさを生み出す危険性がある。

をしたことを、時として忘れる。口言葉から字言葉への移りゆきは、字言葉から印刷された頁への移りゆきよりも、想像力にとつて一層驚くべきことであり、その結果に於て一層革命的であつた。[5]」

ブチャーによれば、「話されたる言葉」から「書かれた言葉」への移行は革命的な結果をもたらした。彼の議論を参照しつつ中井が述べているのは、「書かれた言葉」によって生じた「思惟の領域の変容」として「問答」から「説話」への移行が生じたということである。「問答」は、言うことと聞くことからなっており、二者間における「思惟の交易」である。これに対して、「説話」は、一つのこころの「自己生産」であり、「自己消費」である。「問答」と「説話」という対比は、他人に語られる「外なる言葉」と自らに語りかける「内なる言葉」という対比でもある。要するに、書くことが要求した思惟の領域の変容は、中井において、二者間における「思惟の交易」としての「問答」から「自己生産」としての「説話」へ、他人に語られる「外なる言葉」から自己に語りかける「内なる言葉」への変容として定式化される。[6]

口承文化から文字文化への移行に並行する「外なる言葉」から「内なる言葉」への変化を指摘した中井は、更に「印刷されたる言葉」への移行と思惟形態の変化について論じている。この段階ではディアレクティクに焦点が絞られる。「いわれたる言葉」より「書かれたる言葉」、さらに「印刷されたる言葉」への移行と、哲学的問答法としてのディアレクティケーから汎論理主義的なディアレクティクへの移行とを中井は重ね合わせている。もっとも、ここで確認したいのは、メディア史的な図式ではなく、言語媒体の変容と思惟の変容を関連づける発想が、二〇年代における中井の著作に見出せるということである。

論文「言語」におけるメディアと思惟形態の問題系は、論文「委員会の論理」で幾つかの修正を経て再び定式化される。それによれば「いわれる論理」「書かれる論理」「印刷される論理」は古代、中世、近代の文化に対応している。それを実践のなかで再編成するのが「委員会の論理」である。「いわれる論理」、「書かれる論理」、「印刷される論理」という言葉は、中井の他の論考に散見されるメディア論的思考と同様、ある時代の思惟領域が支配的な言語媒体によって決定されるかのような印象を与える。しかし、仔細に検討するならば、論文「委員会の論理」には単純な技術決定論から逸脱しうる箇所も含まれている。各時代の論理と並行して各時代の社会制度が記述されていることに注目すれば、各時代の思惟に対するメディアの効果のみならず、社会制度

（5）ブチャー、田中秀央・和辻哲郎・壽岳文章訳『ギリシア精神の様相』岩波文庫、一九四〇年、一五八頁。
（6）「外なる言葉」と「内なる言葉」の「溶融」をアリストテレスに見出しているとはいえ、「外なる言葉」と「内なる言葉」という二分法的対比はやはり図式的である。しかし、この主題は、論文「委員会の論理」においてより精緻化されて回帰する。そこでは、「討論」と「思惟」へと術語が変更されるのみではない。両者の区別のみならず、連続性が析出されているのである。

の効果が考慮されていることが感得できよう。したがって、論文「委員会の論理」では、思惟に対する言語媒体の効果という視点は単純な形での技術決定論的枠組みの中に位置づけられてはいないのである。他方、「委員会の論理」における文化史的な図式は、上部構造論を思わせる側面もあるものの、経済決定論や社会決定論とも異なっている。そこでは、社会制度の転換期において特定の観念が果たす媒介的役割が重視されているからである。

道具的言語観を否定し、意味の地平に従属することを拒む中井の言語論は、言語媒体の歴史へと展開され、「委員会の論理」では単純な形での技術決定論や経済決定論とは異なる形で定式化された。私見では、中井正一が素描したメディア史的図式はあくまでも図式にとどまっており、その妥当性については疑問の余地がある。しかし、中井の思考がメディア論的発想、さらにはメディア史的発想を含み込むものであることは忘却されるべきではない。二〇年代から三〇年代に至る中井のテクストにはメディア論的思考が含まれており、中井の著作は二〇世紀前半におけるメディア論的思考の先駆的形態、あるいは古典として位置づけられうるのである。

三　中井正一における機能概念の受容

次に、一九三〇年前後における中井のテクストに見られる、機能概念の受容とその論理的帰結に注目することにしたい。その帰結は、第一に、関係論的思考への移行であり、第二に、これと結びついた形而上学的区別の批判である。この批判に伴っているのは、筆者が相互転換の論理とよぶ動態的な思考である。第二は、技術と芸術の領域に対する関係論的思考と二分法批判の適用である。このような中井の思考は、実体としての意識の否定へと発展し、集団的思惟機構の模索が開始される。機能概念をめぐる問題系は、第二節で検討したメディア論的問題系の後に現れ、独立して展開されたものとはいえ、集団的思惟機構の構想のなかで両者は交差することになる。

『実体概念と関数概念』におけるカッシーラーによると、実体概念では、記憶表象から共通の要素が抽象され、それを一つの類に結合することによって概念が生じる。[7] この手続きをより高い水準にまで繰り返すことにより、「概念ピラミッド」が現れる。そこでは、概念の意味内容（内包）が少なくなるにつれ、概念の適用範囲（外延）は拡大する。この操作を徹底化すると、「もっとも普遍的な概念は特筆すべき特徴や規定性をもたないということになる」。ここで実体概念は空虚で抽象的なものとなる。この実体概念に対置されるのが関数概念（Funktionsbegriff）である。それは概念対象間の〈関係〉から出発する思考を前提とする。この思考において、個々の部分は分離されるのではなく、体系における関係構造で把握される。事物はあらゆる関連に先行する自立的実在として措定されるのではなく、観念的な相互性における「関係項」となる。今日では

(7) カッシーラー、山本義隆訳『実体概念と関数概念』みすず書房、一九七九年。

関数概念と訳されている、カッシーラーの Funktionsbegriff は、中井の論考では「函数」や「機能」という術語で表されている。[8] 例えば、「互いに規定し合ふ関連的組織に融合する函数形」等の表現にそれはあらわれている。[9] 中井のカッシーラー受容における特徴は、Funktionsbegriff を「機能」という言葉に翻訳することで、事物を相互に依存する諸機能の複合として定義した点である。例えば、窓の概念は、円や四角などの記憶表象に基づくものではなく、通風、展望、採光の三機能の複合として把握される。本稿では詳述しないが、カッシーラーから関係論的思考を摂取した中井は、カッシーラーとは独立に、技術や美学の領域に機能概念を適用し、独自の議論を展開する。

カッシーラーの『実体概念と関数概念』に中井が見出した論点は、関係論的思考のみではない。中井はこの著作から、形而上学的区別の批判についても学んでいるのである。カッシーラーによると「形而上学に特有の手続き」は、認識の領域において相互的にのみ規定される一対の観点を分離させること、論理的に相関するものを事物的に対立するものへと解釈し直すことである。形而上学的区別に対して、カッシーラーは分離された「不動の境界」ではなく「不断に移りゆく可動の境界」を問題にすべきだと主張する。例えば、認識の現在の段階は、「過去のものと較べてみれば『客観的』と見えるのと同様に、将来のものに較べれば『主観的』である」。ここでは、客観／主観を分かつ境界線は不動のものとは考えられていない。

形而上学的区別に対する批判は中井の著作にも記されている。中井によれば、「形而上学は伝統的にしばしば、思惟と実在、主観と客観、物と精神等を各々分離対立した『もの』として論じすぎた」のであり、「現代に於ける唯物論的考へ方にも、又この形而上的解釈を見出さしめるものが残つてゐる」(10)。ここで中井は、カッシーラー譲りの形而上学的区別に対する批判を独自に唯物論批判にまで拡張してみせている。そして、主観／客観という対立概念について中井は、機能概念よりすれば、むしろ消滅し解体さるべきとする。両者は自立した実体的存在ではなく、観念的な相互性において与えられうる関係項なのである。カッシーラーにとっては「現在の状態は過去のそれに対して客観的と考へられると同時に、現在の状態は未来のそれに比して主観的と考へられる」(11)。主客は分離すべからざる函数的関係にあり、論理的関係点との相違によって一つの事柄が主観的とも客観的とも考えられるのである。

ただし、ある法則がさらに進歩せる広い領域に妥当する法則によっておきかえられる場合、以前に客観的と考えられたものがまったく主観的なものへと変化して、総ての客観性を失うのではない。以前に無制約的に妥当であったものは、一定条件の範囲に制限されたものとして把握されるのである。中井はこれを「妥当の階段性」と呼ぶ。

(8) 山本義隆が「関数」という語を採用した後も、「機能」という術語を選ぶ、馬原潤二のようなカッシーラー研究者が存在していることを付記しておく。
(9) 中井正一「機能概念の美学への寄与」『哲学研究』第一七六号（一九三〇年一一月号）、四三頁。
(10) 同書、四五頁。
(11) 同書、四六頁。

比較される他のものとの関係によって対立物に相互的転換を生み出す思考、筆者はこれを相互転換の論理と呼んでいる。興味深いのは中井がこの相互転換の思考を他の問題に転用している点である。例えば、注意深い読者であれば、中井の文章から、現実と非現実の相互転換、あるいは芸術／非芸術の相互転換などといった、現代的な論点を見出すことが可能であろう。メディア研究において、二分法批判の意味における「収斂」の問題が提起されたことがあるが[12]、中井における相互転換の思考は、対立が収斂する側面のみならず、収斂した状態からさらに分裂が生じる側面に注目している点で際立っている。

四 集団的思惟機構：新聞と映画

すでに見たように、実体概念から機能概念への移行は関係論の導入や形而上学的区別の批判などの理論的移動を中井に要請した。次に注目したいのは、機能概念の導入による模写概念の変化であり、それによって導かれた実体としての意識の否定、さらには集団的思惟機構の構想である。中井によれば、外界の物が意識に鏡のように映されるという従来の模写概念は、機能概念の見地では放擲される。物は実体ではなく機能的関係においてとらえられ、諸要素を全体的体系において把握する「思惟的配置」が新たな意味での模写となるのである。模写は、外界にある関係以前の物を意識に映すことではなく、機能的関係としての物と思惟的配置との対応関係と考えられる。

この意味で理解された模写は、今日、しばしば紋切型の批判がなされる単純化された反映論と異なるのは言うまでもない。

実体概念の否定は、実体としての物を映し出す実体としての意識を否定することでもある。意識はもはや実体としてではなく、「行為において発見されたる関係の構造」としての射影、あるいは「行動の射影的関係」として把握される。意識は「全世界系列を射影しうる可能構造」であり、「行動の射影的関係」である。この時、意識の射影構造を媒介するのが自然構成としての身体であり、その身体の機能を拡大するのが道具と機械である。ここで知覚はもはや身体のみならず、道具と機械を含めて考慮されている。論文「芸術における媒介の問題」（一九四七年）——戦前に中井が行った講演をもとにした論考——では、機械時代における射影機構の姿が次のように描かれている。「今や、歴史的段階は、個人的意識段階を乗越えて、集団的意識段階に向いつつある。………機械的技術を中に含めて、レンズ、フィルム、電話、真空管、印刷等の機構を貫いて、物質的感覚ともいうべきものが、集団人間の感覚として、表現、観照の要素となりはじめた。それ等の感覚要素を素材として委員会という近代的集団思惟の機構は、個性単位の意識を越

（12）Livingstone, S. M.,“The Rise and Fall of Audience Research: An Old Story With a New Ending”, in Mark R. Levy and Michael Gurevitch（ed）, *Defining Media Studies: Reflections on the Future of the Field*, Oxford University Press, 1994, pp.247-254.

えたる新たなる性格を、人間社会に導入するにいたつた」[13]。中井は、個人を実体的に把握し、個人的意識の集合体として委員会を位置づけたのではない。彼は、実体としての意識を否定した上で、メディアに媒介された集団的思惟の機構を構想していたのである。また、ここでは身体のみならず機械を含めて知覚が捉えられており、しかも、知覚は集団の次元において考察されている。

メディアに媒介された集団的思惟機構という視点から中井のテクストとそのコンテクストを再検討する際に気が付くのは、新聞『土曜日』における実践、そして映画の受容をめぐる理論が集団的思惟機構と密接な関連をもつということである。隔週刊の新聞『土曜日』における実践は、従来は、反ファシズム文化運動という政治的文脈で語られてきた主題であるが、それはまた集団的思惟機構の実践としての理論的意味を持ちうるのである。次に、繋辞の欠如に関する中井による映画の受容理論もまた集団的思惟機構の一構想と考えられる。新聞をめぐる実践と映画の受容をめぐるこれらの問題は、一見したところ異なる次元の問題のように思われ、実際、従来は両者を関連づける試みはなされてこなかった。しかし、ここでは、異なる領域を横断しつつ理論と実践の往還を通じて発展する思考の運動に注目し、異なる問題の接点を探ることにしたい。

まず注目したいのは新聞『土曜日』である。美学の理論研究をめざす同人雑誌『美・批評』は、瀧川事件の影響によって、学問的自由の擁護を掲げる第二次『美・批評』となる。この第二次『美・批評』はさらに反ファシズム文化運動である『世界文化』へと発展する。いわば文芸的な議論の空間は政治的な色彩を帯びることとなった。政治化されてはいたが高踏的な限界をもっていた『世界文化』に加えて創刊されたのが大衆的な新聞『土曜日』である。軍国主義的風潮に共感する民衆と批判的知識人の分裂という時代状況にあって、『土曜日』は送り手と受け手、又は執筆者と読者を交叉させることで、知識人と大衆の分裂を乗り越えようと試みた。ただし、執筆者と読者がそれぞれ知識人と大衆に対応するのではない。執筆者と読者の双方は一枚岩ではなかったからである。狭義の送り手は、唯物論者と自由主義者を含む世界文化グループと『京都スタヂオ通信』を発行していた庶民的な映画俳優、斎藤雷太郎の合流からなっていた。他方、読者、及び投稿という形式における広義の執筆陣にも、学生や勤労者、女性が含まれていた。さらに大阪や京都の喫茶店に置かれ、時には読者によって遠方に運ばれることもあったという意味で、『土曜日』が生み出す議論の空間は、都市のみならず地方への広がりをもっていたことになる。女性や労働者をもまきこんだ議論の空間であり、地方への広がりをもっていたという点で、『土曜日』を多元的公共圏という視点から検討することは興味深い課題である。もっとも、女性による投稿の数は次第に減少し、『土曜日』それ自体が学生とインテリの遊びとして揶揄される事態も生じている。複数性をはらんだ議論の空間を創出する『土曜日』の試みを過度に理想化することは避けるべきである。

ここで確認したいのは、第一に、多元的な議論の空間を創出する『土曜日』の試みは、単に実

(13) 中井正一「芸術における媒介の問題」『思想』第二七五号（一九四七年二月号）、三八頁。

体としての個人の集合としてではなく、集合的思惟の形態として捉えるべきだ、ということである。『土曜日』は、単に政治的な実践であるばかりではなく、メディアに媒介された集団的思考の形態なのである。第二に、『土曜日』における政治的実践は、中井にとって集団的芸術をも意味していた。新聞『土曜日』に参加する以前、中井は、新聞＝芸術論を展開していた[14]。それによれば、まず、新聞は文学として把握される。当時の新聞は企業的利潤に制約されているとは言え、リアリズムを重視する立場から中井は新聞をルポルタージュとして、文学として把握するのである。次に、新聞において複数の記事が配列されていることから中井はフィルムのモンタージュを想起し、そこに新たなリアリズムの企画性を見出している。このように、中井にとって、新聞は集団的芸術であった。新聞における記事の配列が映画におけるフィルムのモンタージュに比較されていたことは重要である。ここで、中井による映画の受容理論について確認することにしたい。

論文「思想的危機における芸術ならびにその動向」（一九三二年）で中井は、専門化過程の徹底によって逆説的に生じた大衆化、さらに芸術の領域で進行する商品化といった三〇年代の思想的危機を分析している。この思想的危機においては個人主義機構から集団主義機構への転換が進行しており、それに追いつき追い抜く美学を構築する手がかりとして中井が注目したものが映画である。しかし、中井は映画を無批判に肯定したわけではない。「コンティニュイティーの論理性」（一九三六年）では、タイアップした産業による大衆の動員と馴致を中井は批判した。フランクフルト学派の文化産業論と関連する主題である。しかし、中井はペシミズムに陥ることなく、観容による映画の受容に小さな可能性を見いだそうとする。この問題は、戦後の『美学入門』に継承される。

中井によれば「遠近法の空間」は、確立された個人の視点を前提とし、それによって全世界の体系が構成される近代の空間である。そこでは、世界の観察者としての主観が確立されている。これに対応する表現が絵画である。次に「図式空間」は、絵画の危機以降に現れたものであり、レンズの見方によって構成される世界像に対応する。個人の視点を軸として構成される「遠近法の空間」とは異なり、「図式空間」で世界を構成するのはレンズの見方、いわば物質的視覚である。カントは感覚を主観的なものだとしたが、この物質的視覚は主観的なものではありえず、物質の制約をうけるのである。物質的視覚は映画の特徴の一つでもあるが、映画の場合、フィルムが編集される点が異なっている。換言すれば、映画では表象の結合において客体の制約をうけるのである。ここで問題となるのが「切断空間」である。映画では、カットとカットが結合される際、文学のような「である」「でない」といった繋辞が欠けている。レンズの見方から構成される世界像としての「図式空間」は、映画の場合、繋辞なしの「切断」によって結合されているのである。制作者が意図をこめてカットとカットを繋ぐこと、あるいはトーキーや字幕が繋辞の役割を果たす可能性もある。これらを前提としつつも、中井は、繋辞なきフィルムの切断を連続するの

(14) 中井正一「芸術の集団性『壇』の解体について（その四）」『大阪朝日新聞』（一九三二年一月二二日）。

は大衆の歴史的意欲であり、歴史的主体性だと主張する。

中井による映画理論の場合、創作の仕上げを観客が行うという意味での相互性や集団的製作が言及されている。これは映像テクストの受容における相互性であると言えよう。ここで、新聞『土曜日』において積極的に導入された読者投稿と映画理論において構想された繋辞の欠如をめぐる問題の相違を整理することにしたい。新聞『土曜日』における読者投稿は、テクスト生産の局面における執筆者と読者の相互性を実践したものであり、それはテクストの集団的な生産として考えられる。他方、映画理論の場合、映像テクストの集団的生産という論点に加えて、受容という局面における観客のテクスト構築が言語化されていたことになる。[15]『土曜日』の実践と映画理論を比較した場合、後者では受容という論点が新たに付加されているものと考えられる。中井の映画論では、テクストの生産と受容という重層的な集団的過程が語られていた。注意すべきなのは、それが単に個人の集合ではなく、主観の崩壊を前提としていることである。個人の主観によって構成される近代的世界像としての「遠近法の空間」の後に現れ、レンズによって構成される世界像が「図式空間」であった。繋辞なき映画の「切断空間」では、カットとカットが観客によって結合される。これはメディアのもたらす物質的感覚と人間的判断の結合からなる集団的知覚である。それは単に個人的主観の集合体であるのではなく、主観の崩壊以後に模索された集団的な知覚の形式なのである。ここに中井における集団の一つのモデルを見出すことが出来るであろう。

委員会という言葉から我々が想像するのは、対面的なコミュニケーションを行う小集団である。しかし、中井による『土曜日』の実践や映画の受容理論を考慮に入れるなら、対面的相互作用を行う文字通りの委員会のみならず、空間的には隔たっているものの、メディアによって媒介された集団的思惟機構へとイメージを拡張することができる。ここは、主観の解体、及び集団的知覚というメディア論的問題と集団的相互行為というコミュニケーション論的問題が交差する地点である。

集団や委員会について考慮する際、機能概念に対する評価の変化についても触れなければならない。既に確認したように、論文「委員会の論理」以前、中井は関係論的思考を導入していた。したがって、中井における集団や委員会は単に実体的なものの集合や部分の総和としての全体としてではなく、相互に規定しあう関係論的な組織と看做す必要がある。しかしながら、中井の委員会は個が全体に規定される一枚岩の構造ではないのである。戦後の文章において、機械時代に適応した理論では主観が解体し「意識のない関係構造」に全体が溶解するのだと中井は述べる。他方、「委員会の論理」に含まれた弁証法的発想を、中井は機械時代に抵抗するものと位置づけ

(15) 新聞における記事の配列がモンタージュのメタファーで語られていたことを想起したい。中井自身は明示的に述べていないとはいえ、『土曜日』においてもまた受容の局面における記事の結合という問題を考えることが出来るのである。

ている。論文「委員会の論理」において機能の論理が持つ価値は限定的なものとなっている。そして重要なのは、委員会は全体のなかに個が溶解する一元的な関係構造とは考えられてはいない、という点である。ここで注目されるのが主体性に含まれた分裂の契機である。

中井において弁証法的主体性は自己関係的な否定によって分裂する過程であった。それを組織に適用したものが集団的主体性である。無限に回帰する分裂の過程という発想は「委員会の論理」にも含まれており、それは集団的コミュニケーションの次元における提案、計画、報告、批判という循環的な過程に対応する。委員会の集団的コミュニケーションにおける分裂は静態的な関係構造に抵抗するものである。『土曜日』における読者投稿の試みはこの分裂の契機に対応するものと考えられることであろう。

第二章　中井正一における集団的コミュニケーションの観念

ホイッスルが鳴って、一斉にラガーが動き始める。ボールが落ちた瞬間、味方はもちろん、敵の各々があるべき位置に動いていく。ボールをめぐって、「見えざる力の波紋が次から次へと二方向的に作用する」かのようである。かつて「スポーツの美的要素」を論じた際、美学者、中井正一は、ラガーのダイナミックな動きの中に「息もつかせざる関係の構成」を見出した。この感覚は彼にとって「新しき芸術の要素」だったのであり、ラグビーは「瞬間崩れゆく美しさ」を喚起するものと見なされた。[1]もっとも、一般的には、難解さをもって知られる論文「委員会の論理」、また反ファシズム文化運動への関与によって中井は記憶されているはずである。

さらに、中井は日本のコミュニケーション研究における先行者の一人と見なされてきた。彼の

（1）中井正一「スポーツの美的要素」（一九三〇年）、久野収編『中井正一全集1』美術出版社、一九八一年、四一一頁。

論考については、コミュニケーション論的要素を抽出する研究がなされてきたが[2]、それらは徹底的なものではなく、いまだに完成されてはいない。本稿は、〈集団的コミュニケーション〉という観点から中井の諸論考を解釈する一つの試みである[3]。私たちは、中井におけるコミュニケーションの観念――これはメディアの観念に関係する――に取り組み、次に集団の観念を論じるであろう。メディア、コミュニケーション、そして集団に関するこれらの諸問題は「委員会の論理」を読むための手がかりとなる。

第一節ではまず、言語に関する中井の諸論考に注目し、メディア、およびコミュニケーションの諸問題について述べる。一九二〇年代および一九三〇年代における彼の論考には、すでに言語媒体への関心が、またその歴史的変遷への関心が見出せる。言語的コミュニケーションに関して言うならば、中井は言語活動をラグビー――二つのチームからなるゲーム――に譬えており、この比喩を用いて発言と聴取の区別と交叉を論じている。第二節では、集団概念および集団的芸術をめぐる中井の探求をたどりながら、集団的思惟の構想について述べる。中井における〈集団〉の観念を考慮する上で重要なのは、第一に、それが相互依存的な関連形態として捉えられていると同時に、集団における対立や分裂の契機について言及されている点である。第二に、集団的思惟の構想を発展させる手がかりとして、中井は集団的組織化の進行していた映画に注目した。映画を一つの手がかりとして、彼は委員会的討議や批判会など、集団的思惟のモデルを提示している。第三節では、「委員会の論理」を検討する。この論考は、第二節までに言及した諸論点――

メディアとコミュニケーション、そして集団及び集団的思惟――が発展的に組み込まれたものであり、集団的コミュニケーションの観念を明確化する手がかりになると考えられる。既に述べたように、「委員会の論理」を執筆する以前、中井は映画を手がかりとして集団的思惟の構想を発展させていたのであるが、戦後になると数多くの映画論を発表する。第四節では、これら戦後の映画論を集団的思惟との関連から検討する。

一　中井正一の言語論――メディアとコミュニケーションの問題

一九二〇年代後半に発表された論文「言語」（一九二七〜一九二八年）において、中井は言語媒体それ自体に注目し、その歴史的推移と思惟の変容を論じている。メディアという言葉が用いられていないとはいえ、実質的には、そこでメディアと思惟の関係に関する問題が論じられていた

（2）コミュニケーション論的視点からなされた中井研究の重要なものに関しては、拙稿「中井正一研究とメディア社会学の視点」『社会関係研究』第四巻第二号、一九九八年で論じている。

（3）中井は委員会について論じてはいるが、その際、「集団的コミュニケーション」という言葉を用いたわけではない。本稿は、集団的コミュニケーションとの関連から、中井の諸論考に散見される問題を整理し、再構成する試みである。

と解釈できる。まず、注目したいのは、この論文において道具的言語観への批判が見られることである。一九二〇年代において、中井は、概念的内容を伝達する単なる伝達器としてではなく、感覚的意味をもち得るものとして言語を把握していた。

言語それ自体への関心は、その歴史的変遷と思惟の変容に関する議論に展開する。ギリシアに関するブチャーの著作に依拠しつつ、中井は、「話されたる言葉」から「書かれた言葉」への推移に対応する哲学的思惟の変容を記述する。それは二者間における思惟の交易（「問答」）から、一つの心の自己生産と自己消費（「説話」）にいたる変容であり、他人に語られる「外なる言葉」から自己に語りかける「内なる言葉」への変容である（もっとも、中井は、「外なる言葉」と「内なる言葉」を対立的に把握するだけではなく、両者の溶融についても指摘している）。彼はまた、弁証法の歴史を記述する際、「いわれたる言葉」より「書かれたる言葉」、さらには「印刷されたる言葉」にいたる言語媒体の歴史に注目している。

一九二〇年代後半において、すでに中井は道具的言語観に対して批判的であった。言語の感覚的意味を前提としつつ、メディアの歴史的変遷と思惟の変容の双方に彼は関心を抱いていたのである。中井におけるメディアと思惟形態の関連性についてはこれまでにも論じた点であり、ここでは簡潔な記述にとどめておく(4)。では、次に、中井の初期論考に見られるコミュニケーション的問題を検討することにしたい。

冒頭でも述べたように、「スポーツの美的要素」の中で中井は「瞬間崩れゆく美しさ」と「息もつかせざる関係の構成」をラグビーに見出していた。この論考が発表された一九三〇年、中井は別の論考「意味の拡延方向ならびにその悲劇性」を発表しており、そこでも彼はラグビーに言及している。ただし、後者の場合、ラグビーは言語活動との関連で言及されている。(5)「ラグビー球戯において、発言と聴取の両形態を二つの対立するチームと考え、常にゴールを志向する球を意味の志向性とするならば、競技者によってゴールに運ばるる球はすなわち意味の充足作用であり、その方向と直角にパスして他の競技者に球をわたすこと、そして彼をしてさらにゴールに突

（4）中井正一におけるメディアと思惟形態の関連性の問題については、拙稿「技術と媒介の社会学」『年報人間科学』大阪大学人間科学部、第二〇号第二分冊、一九九九年所収を参照されたい。また、この問題は拙稿「中井正一再考——集団的思惟の機構について」『県立長崎シーボルト大学国際情報学部紀要』第三号、二〇〇二年においても論じている。

（5）豊崎光一は、かつてラグビーの比喩を用いたことがある。「翻訳者は、単にもう一人の遊動的ハーフとして、パスされたボールをあちこちにパスすること、ただそれのみを心がけた」（『リゾーム』朝日出版社、一九八七年、九頁）。もちろん、ここには中井への言及はない。私見では、言語活動とラグビーのアナロジーという点において両者は共通しているが、豊崎の場合、言語活動一般ではなく、（書物の執筆や）翻訳に言及していることに特徴が認められる。また、ボールがゴールへと運ばれること、換言すれば意味の充足作用といったものは、「『意味』の専制」なき『リゾーム』の翻訳者にとって言及する必要のないものであったようである。

き進ましむること、そこにすなわち意味の拡延方向における作用がある」[6]。

この一文は、読者に奇妙な印象を与えるかもしれない。しかし、この比喩に注目した先行研究が存在する[7]。竹内成明氏によれば、「ラグビー競技において二つのチームがぶつかりあっていてこそ、競技者一人一人の行為に意味が生じてくる……ゲームがあって一つ一つの動作に意味が生まれ、発言があって一つ一つの記号に意味が生じてくる。私たちはともすれば、そこのところを逆転させる」[8]。ここで指摘されているのは、ラグビーの比喩が通俗的言語観を転倒する潜在的可能性であろう。理論的見地からすれば、記号の意味は錯綜した動的状況において生起すると考えられる。しかし、社会通念において、記号の生成過程は忘却され、意味は所与の実体と見なされる。ラグビーの比喩は、この実体的言語観を転倒するポテンシャルをもつのである。私見では、この指摘は「意味の拡延方向ならびにその悲劇性」において中井が明示的に語っていない事柄であり、この論考に含まれた論点を創造的に展開したものと思われる。ここで確認したいのは以下の点である。「スポーツの美的要素」で中井は、言語と将棋（チェス）を論じたソシュールに言及した後[9]、「関係の構成」としてラグビーを記述していた[10]。そのラグビーが、「意味の拡延方向ならびにその悲劇性」の中で、言語活動に譬えられていたことは、中井思想における存在論的側面とともに、看過されるべきではない。

では次に、ラグビーの比喩によって中井が明示的に説明している事柄を確認することにしたい。「意味の拡延方向ならびにその悲劇性」で中井が注目するのはラグビーが「二つの対立するチーム」

（6）中井正一「意味の拡延方向ならびにその悲劇性」、久野収編『中井正一全集1』美術出版社、一九八一年、二六六－二六七頁。

（7）佐藤毅「同化と異化」、江藤文夫・鶴見俊輔・山本明編『講座・コミュニケーション6　コミュニケーションの典型』研究社、一九七三年。竹内成明「『意味の拡延方向』についてのノート」『評論・社会科学』第一二号、一九七七年。

（8）同書、一四頁。

（9）現代では、将棋ではなく、チェスと翻訳されていることは周知の通りである。「チェスの駒の価値というのは体系から、諸条件がからみあう全体から出ているので、各駒に固有の価値から出ているのではない。」（フェルディナン・ド・ソシュール、前田英樹訳『ソシュール講義録注解』法政大学出版局、一九九一年、七六－七七頁）。なお、『哲学探究』において、ウィトゲンシュタインもまたチェスの比喩を用い、次のように述べている。「一つの駒（石）の意味とは、ゲームの中でそれが果す役割である、と言おう」（ウィトゲンシュタイン、藤本隆志訳『ウィトゲンシュタイン全集8　哲学探究』大修館書店、一九七六年、二九九頁）。ここで、ある種の誤解を避けるために補足的説明を行うならば、スポーツとしての「遊戯」について論じた際、中井はフッサールやソシュールが「将棋」（チェス）を論じていることに言及しただけであり、中井の文章には規則をめぐる記述はない。そもそも、『哲学探究』は一九三六年に書きはじめられたとはいえ、出版されたのは中井の没後、一九五三年である。

（10）「ソッシュールは将棋の運用構造を言語哲学的構造に適用して、相似的代入に成功している。スポーツが存在の内面的組織構造の象徴的運用ではあるまいか？　という問はスポーツの上に投げかけるべき親しき問であると私は考える」（中井正一「スポーツの美的要素」、久野収編『中井正一全集1』美術出版社、一九八一年、四〇九頁）。私見では、「存在」という言葉が示しているように、中井の議論はソシュールを前提としつつも、それとは距離があるものと思われる。

からなるということである。それは言語活動における発言と聴取の区別に対応しており、また意味の充足作用と意味の拡延方向における作用という区別に譬えられている。

意味における充足と拡延は、内なる言葉と外なる言葉という対比に関連する。意味の充足的作用とは自分が自らに語る内なる言葉や思惟の領域における作用である。他方、意味の拡延方向における作用が見出されるのは、外なる言葉、あるいは主張としての意味領域である。主張は「一つの確信をそれと同一意味をもって他に確信を要求する」方向であり、「相手の承認を要求」する。仮に、「SはPである」という命題を他者に対して「同方向への意味充足を予想して手わたす」時、その命題は意味の拡延方向を指していることになる。

内なる言葉における意味の充足的作用、そして外なる言葉における拡延方向の作用。中井は、芸術を例として、これらの対比に意味の質的深化と量的展開という対比をつけ加えている。芸術作品とその作者との関係は、意味の充足的方向におけるものであり、そこには意味の質的深化が見出せる。これに対し、芸術作品を他人に提示する行為は拡延的方向におけるものであり、そこでは意味の量的展開が見出せると中井は述べる。

こうして、発言と聴取、創作と発表、内なる言葉と外なる言葉、主張と確信、意味の充足的作用と拡延方向、意味の質的深化と量的展開などの術語群があらわれる。これらの言葉は中井の思考におけるコミュニケーション的側面を際立たせるものであると同時に、その深みをも示している。まず、第一に、古典的議論において、コミュニケーションの機能は意味伝達とされるのに対し、中井は単に意味充足について言及するのみならず、意味の拡延やその量的展開について述べている。受容研究やディスコミュニケーションの観念に通じる視点が見出されるわけである。しかも、中井は意味の充足と拡延を二項対立的なものとしては捉えていない(11)。第二に、内なる言葉と外なる言葉という言葉が示すのは、中井が既に個人内部におけるコミュニケーションと個人間のコミュニケーションという問題を論じていたということである。これは発言と聴取の問題に関連している。第三に、言語における発言と聴取の区別は、コミュニケーション論における送り手と受け手の区別を想起させるかもしれない。ただし、後に述べるように、中井の場合、発言と聴取は交叉する関係にある。

　中井は発言と聴取を排他的な対立において捉えたわけではなかった。中井は、発言者における聴取者の存在を指摘しているからである。私がある命題について発言する時、自我の外なる聴取者である他人は判断を留保しながら、肯定でも否定でもない無関心の状態でそれを聴く。だが、それればかりではない。発言する私のなかの内なる聴取者もまた、判断中止の無関心な状態で、その発言を聴いているかもしれないのである。したがって、聴取者は、発言者の外にいるだけではなく、発言者の内にもいるのであり、「私たちは、私たちの中にもまた、聴取者をもっていると

(11) 論文「意味の拡延方向ならびにその悲劇性」の末尾において、中井は意味の充足方向と拡延方向の相互転換について論じでいる。

いうことである」[12]。ここでは、発言者と聴取者という図式に加えて、発言者における「自我の内面なる聴取者」、そして「自我の外面なる聴取者」を考えることが可能になる[13]。

このように、中井の言語論にはメディアのみならず、コミュニケーションに関わる問題系を見出すことができる。とりわけ、内なる言葉と外なる言葉という術語は二つの問題系において用いられていることから、これらの術語は両者の接点と考えられる。その後、これらの問題系は、論文「委員会の論理」に組み込まれ、発展的に論じられる。この論考で中井は、古代、中世、近代の文化に対応する「いわれる論理」[14]「書かれる論理」「印刷される論理」というメディア史的な図式を提示し、それらの諸論理を実践において再編成する「委員会の論理」を構想した。集団的コミュニケーションに関する観念を考察する手がかりが、この「委員会の論理」に含まれていることは論をまたない。では、次に、集団と集団的芸術の探究を検討しつつ、中井における集団や集団的思惟の概念について確認し、その後、論文「委員会の論理」を検討することにしたい。

二　集団と芸術をめぐる探究——集団的思惟の模索

一九三〇年の論文「機能概念の美学への寄与」において、中井は、事物を実体としてではなく関係項として把握する機能概念を導入していた[15]。それは、今日、私たちが関係論的思考と呼ぶものに対応する。中井において、集団は、単に実体としての個人が集まったものとしてではなく、相互依存的な関連形態とされている。このような集団をめぐる思考は中井が美学者として行った探究によって発展したものである。

中井は既存の美学から逸脱するものに注目し、新たな美学を模索した。とりわけ、彼が注目したのは個人によって制作された既存の芸術ではなく、集団美ないし集団的芸術であった。当然、中井における新たな美学の探求は、集団それ自体の探求と交差する。たとえば、ラグビーは両者に関わる主題を提供したといえよう。ラグビーの美について中井はこう述べている。「十五人のラガーが一つの組織の上にわかつべからざる関連的構成」を形成すること、そこに「各要素の組織の美わしさ」が見出されるのだ、と。(16) ラグビーのチームは相互に規定しあう動態的関係としての組織を具現しており、新しい芸術の要素を持つものと見なされている。さらに中井は、ラグビー

(12)中井正一「発言形態と聴取形態ならびにその芸術的展望」(一九二九年)、久野収編『中井正一全集1』美術出版社、一九八一年、二六二頁。
(13)中井正一「意味の拡延方向ならびにその悲劇性」(一九三〇年)、久野収編『中井正一全集1』美術出版社、一九八一年、二六五頁。
(14)原文では「言はれる論理」と表記されている。
(15)中井正一「機能概念の美学への寄与」『哲学研究』第一七六号(一九三〇年一一月号)。
(16)中井正一「スポーツ美の構造」、久野収編『中井正一全集1』美術出版社、一九八一年、四四八頁。

の「一つのチーム全体が一つの集団的実存的性格」であることをも指摘している[17]。「相互の共同性」や「集団的実存的性格」について言及しているとはいえ、中井の論じるラグビーを調和的イメージでのみ捉えて良いのかという点については慎重であらねばならない。「ボート、ランニング、水泳その他フィールド競技の多くのものは競争において、単一的であるに反して、野球、蹴球、のごときものは多くの要素の複合であると同時に、逆方向すなわち妨害行為を含んでいる意味で二方向的である。……前者においては比量に積極的否定性がないのに反して、後者は明らかに逆関係的否定性が包含されている[18]」。ここで注目されているのは「逆方向すなわち妨害行為」を含むという意味におけるスポーツの〈二方向性〉である[19]。そしてこの直後、中井はラグビーにおいて「見えざる力の波紋が二方向的に作用する」ことに言及している。したがって、ラグビーもまた、中井にとって「逆関係的否定性」を含む二方向的なものと考えられる。このことは、ラグビーの比喩において中井が「発言と聴取の両形態を二つの対立するチーム」と述べたことを解釈する上で示唆的である。

さて、スポーツの他に、集団と新たな美をめぐる探求の手がかりとなったのが映画である。当時は比較的新しい研究対象であった映画を論じるなかで、中井は集団的思惟に関する考察を深めている。では次に、映画及び集団的思惟の機構をめぐる議論を確認することにしたい。

中井が映画に注目した背景には芸術制作における転換がある。それは個人によって作られる芸術から集団によって作られる芸術への変化である。「思想的危機に於ける藝術並にその動向」

（一九三二年）の中で、中井は、芸術を創作する主体が個人から集団へと移行した点に注目し、芸術における個人主義の空疎化を指摘している。天才と独創と美というロマン派的観念は、それが確立された当初、正当な権利を保持していた。しかしながら、中井の時代において、芸術を制作するのはもはや個人的天才ではなく、利潤と結びついた組織集団となった。芸術における個人主義は利潤を目標とする集団主義に解体してしまったのである[20]。

この時、芸術の集団的組織化を行っている領域として中井は映画に注目する。そこには「レンズを眼とし、委員会を決意とし、企画をその夢想とし、統計をその反省とするところの一つの利潤的集団的機関」が見出せる。映画において進行していた集団的組織化の動向を手がかりとしつつ、個人主義機構から集団主義機構への転換に追いつき、追い抜く新たな美学を模索することが中井の課題となる。彼は個人の思惟と集団的思惟に関する次のような図式を提示する。個人の記憶は集団における記録に対応し、個人の構想は集団における企画である。個人の思弁は集団にお

(17) 中井正一「スポーツ気分の構造」、久野収編『中井正一全集1』美術出版社、一九八一年、三九九頁。
(18) 中井前掲論文、四二八頁。
(19) 中井における双方向性および二方向性の問題に注目した研究としては後藤嘉宏「中井正一とコミュニケーションの双方向性」『マス・コミュニケーション研究』第五七号、二〇〇〇年がある。
(20) 中井正一「思想的危機に於ける芸術並にその動向」『理想』第三五号（一九三二年九月号）、一三二頁。

ける委員会的討議であり、個人における反省は集団の批判会に対応する。心身の関係における個人の技術は、集団における機械と組織と統制である。

映画を一つの手がかりとして、中井は集団主義機構の図式を提示したわけである。そこで用いられていた言葉——「委員会的討議」、および「批判会」——に着目するなら、「委員会の論理」に結実する構想の萌芽を確認できよう。ただし、委員会という言葉を考慮する際、中井における集団の含意を確認しておく必要がある。第一に、中井における集団は単に諸個人が集まったものとしてではなく、相互依存的な関連形態として把握されている。第二に、集団における「要素相互間の統制」について語る一方、中井は集団の対立や分裂にも言及している。まず、ラグビーの対立するチームに関する記述では、集団における相互依存性のみならず、集団間の対立——「逆関係的否定性」——が注目されていた。後に、「委員会の論理」において中井は、カッシーラーに由来する機能の論理を限定的に取り入れる立場に移行するのだが、そこで重視されるのは主体性の中にある分裂や自己関係的な否定という、ヘーゲル的な主体性の観念である。この局面においては、集団間の対立というよりはむしろ、委員会でなされる批判、あるいは集団における分裂の契機が注目されることになる。中井の委員会について考えるためには、相互依存的な関係性のみならず、自己関係的な否定性についても考慮しなければならないのである。

三　委員会の論理と集団的コミュニケーション

一九三六年の一月から三月にかけて、中井は『世界文化』誌上で論文「委員会の論理」を発表する。『世界文化』は、唯物論者と自由主義者の連携という人民戦線的編成によって刊行されていた同人雑誌である。同年七月、大衆的な隔週刊の新聞『土曜日』が創刊されるが、巻頭言を執筆するなどして、中井はこれに積極的に関与している。「委員会の論理」は、中井が反ファシズム文化運動に関与している時期に執筆され、発表されたのである。

現在、普及している「委員会の論理」は一つに編集されたものであるが、発表当時は、上・中・下の三篇に分けて『世界文化』に連載されていた。ここで「委員会の論理」の見取り図を示しておくならば、まず、上篇（一節〜五節）で提示されるのは、各文化段階における論理の歴史に関わる図式とその説明である。[21] 古典文化、中世文化、近代文化における「いわれる論理」、「書かれる論理」、「印刷される論理」という有名な図式がそれである。これは本稿の第一節で言及したメディアと思惟の関係をめぐる問題を発展させたものと思われる。次に、中篇（六節〜九節）では、これらの「いわれる論理」、「書かれる論理」、「印刷される論理」が歴史的文脈から引き離され、各々、

（21）中井正一「委員会の論理（上）——一つの草稿として」『世界文化』第一三号（一九三六年一月号）。なお、「委員会の論理」については小学館の復刻版を参照。

思惟、討論、技術、生産という言葉に言い換えられて説明される。[22] まず中篇の前半では、討論と思惟の区別、ならびに連続の分析が試みられる。これは本稿の第一節でコミュニケーション的問題と呼んだものに対応する議論である。中篇の後半で中井は、技術、及び生産の論理を説明する。下篇（十節～十六節）の冒頭でも技術と生産の論理が言及され、商品化と専門化が知の領域に生み出す否定的帰結が述べられる。[23] そうした状況から離脱するための試みとして提示されるのが実践の論理である。思惟―討論の論理と、技術―生産の論理が結びつくのは、実践の論理を通してである。集団的コミュニケーションの観念を読み込むことができるのは、この実践の論理をめぐる記述においてである。

中井によれば、まず現実的地盤と結びついた〈提案〉があり、〈計画〉と〈報告〉、さらなる現実的地盤よりの〈批判〉、これら四つの契機を経て、再び〈提案〉へと回帰する過程が「実践の論理」である。委員会で提案がなされると、多くの質問と説明と討議をへて決議にいたる。こうして審議の段階が過ぎ去ると、提案は組織に委任され、実行にうつされる。決議にいたった提案が実行をへると、それは報告の対象となる。ここで、当初の計画と報告の間にずれが見出される場合、現実的地盤への再検討による是正をへて、新たな計画が生み出される。報告は新たな計画へと向かう媒介となるのである。

留意すべきなのは、第一に、この実践の論理をめぐる記述において集団的コミュニケーションの一形態が論じられており、それは「委員会の論理」の中で重要なものとして位置づけられているという点である。「いわれる論理」「書かれる論理」「印刷される論理」など、歴史上に現れた論理の現象形態は対立物に転化しつつ、「委員会の論理」の構成要素となる。その際、これらの諸論理を総合する重要な契機となるのが〈提案〉、〈計画〉、〈報告〉、〈批判〉という実践の論理であり、これが委員会での集団的コミュニケーションに対応している。第二の点は、委員会における〈批判〉が、集団における分裂、あるいは自己関係的否定の契機に対応するというものである。述べたように、機能概念に対する中井の関係はアンビヴァレントなものであった。集団をめぐる中井の記述からは、相互依存的関係にある組織集団のみならず、集団間の対立や集団それ自体の分裂を読みとることが可能であった。この文脈において、委員会における批判の契機は集団における分裂の契機、あるいは自己関係的な否定に対応すると考えられるのであり、私見では、関係論的な集団概念特有の静態性や硬直性を回避する役割を果たすものと考えられる。留意すべき第三の点は、実践の過程を素描した中井の図式がメタ言語によっては語られていないことである。中井は、〈提案〉、〈計画〉、〈報告〉、〈批判〉からなる実践の論理を説明した上で、「委員会の論理」で彼が示した図式それ自体が一つの提案だと述べている。中井の議論は、集団的コミュニケーションに対して超越的なものとして位置づけられているのではなく、実践のなかで他のものに変わる

(22) 中井正一「委員会の論理（中）——一つの草稿として」『世界文化』第一四号（一九三六年二月号）。
(23) 中井正一「委員会の論理（下）——一つの草稿として」『世界文化』第一五号（一九三六年三月号）。

と見なされているのである。

四　集団的思惟と機械

「委員会の論理」を執筆するに先立って、中井は集団的思惟の理論化を試みていた。それは映画における集団的組織化の動向を一つのモデルとするものであった。そして、中井における映画美学の探求は戦後も継続されている。以下では、戦後に展開された中井の映画論を、集団的思惟の主題に関わるものとして検討することにしたい。「委員会の論理」とは異なり、映像が論じられている点、また対面的なコミュニケーションを行う集団とは異なるイメージが提示されている点で興味深いものである。

「現代美学の危機と映画理論」（一九五〇年）で中井は、非芸術と芸術の境界が時代によって移動するという認識に基づきながら、かつて映画が非芸術と見なされた点を指摘している。それによれば、映画は、第一に、利潤を獲得する手段であり、第二に、集団的に製作されるものであり、第三に、レンズやフィルムといった物質によって製作されるという意味で、描くものの主観がない。[24] かつて映画はこれらの三点によって非芸術的とみなされたのであった。しかし、映画が芸術と見なされるようになった以上、かつて映画が非芸術とされた特徴は美学を新生面に導くと中井は考える。「この世紀の初頭にあたって映画が非芸術とされたこれらの三点は……美学論をかえってくつがえすテコの三支点ともなりつつあるかのようである」[25]。

さらに中井は、繋辞という言葉を用いて独自の映画受容論を展開している。何かに関する判断を示して「AはBである」と言う場合、主語Aと述語Bをつなぐ「である」という言葉を繋辞と呼ぶ。文学の場合、表象は「である」「でない」という繋辞によって結合しうる。しかし、映画では繋辞なしにカットとカットが連続されている。たとえ、製作者が何らかの意図をこめてカットとカットをつないだとしても、またトーキーや字幕が繋辞の役割を果たすとしても、カットとカットを連続するのは大衆の嘆き、憤りであると中井は考える。この場合、映画が集団的に製作されるという点に加え、創作の仕上げを観客がおこなうという意味においても映画は集団的である。

戦前に中井が素描した集団主義機構の図式、及び彼が主として戦後に提示した映画受容論の間にはいくつかの相違がある。第一の点は、芸術の創作と受容に関する相違である。集団主義機構

(24) 現代において、映画を作家の作品として位置づける見解が一般的となっているのは周知の通りである。この視点からすれば、映画には描くものの主観がないという中井の指摘はむしろ歴史的な興味を喚起するものと考えられよう。

(25) 中井正一「現代美学の危機と映画理論」(一九五〇年)、久野収編『中井正一全集3』美術出版社、一九八一年、一八九頁。

の分析で例として言及されたのは、映画製作に関わる利潤的集団であった。これに対し、繫辞をめぐる議論では芸術を受容する側の大衆が主に言及されている。

第二の点は、集団の特徴に関わる相違である。通常、委員会という言葉は、対面的状況にある集団を想起させる。これに対して、カットとカットを連続する大衆というイメージが提起するのは、非対面的な状況で散在しつつも映画によって媒介された集団のイメージである。それはタルドの公衆を想起させるが、新聞ではなく映画の観客である点に特徴が認められよう。

この集団のイメージが示すように、中井における集団的思惟の機構は人間のみならず機械をも含むものとされている。「芸術における媒介の問題」（一九四七年）で中井は次のように書いている。「今や、歴史的段階は、個人的意識段階を乗越えて、集団的意識段階に向いつつある。……機械的技術を中に含めて、レンズ、フィルム、電話、真空管、印刷等の機構を貫いて、物質的感覚ともいうべきものが、集団人間の感覚として、表現、観照の要素となりはじめた。それ等の感覚要素を素材として委員会という近代的集団思惟の機構は、個性単位の意識を越えたる新たなる性格を、人間社会に導入するに至った」[26]。人間と機械的技術の双方を構成要素とするという意味で、中井における集団的思惟の機構は異種混交的である。

言語論におけるメディアとコミュニケーションの問題をはじめとして、集団の関係論的把握ならびに集団における分裂、集団的芸術と集団的思惟の構想について確認してきた。集団と芸術を探究する中井の試みは、個人によって制作された芸術から集団的芸術としての映画へと対象を拡張し、対面的状況における集団的思惟のみならず映像メディアによって拡張されたそれをも描き出した。その試みはまた、メディアの受容美学を素描する先駆的な仕事であったとも考えられよう。

(26)「芸術に於ける媒介の問題」『思想』第二七五号（一九四七年二月号）、三八頁。

第三章　集団／身体／言語活動

一　はじめに

美学者、中井正一は、「委員会の論理」、あるいは反ファシズム文化運動への関与によって記憶されてきた。[1] 一九六〇年代、鶴見俊輔がコミュニケーション論の文脈に中井を位置づけて以来、[2] 彼の論考からコミュニケーション論的要素を抽出する研究が多々なされているが、[3] メディアに注目した研究も増加している。[4]

(1) 近年では、転向論の文脈による研究がある。
(2) 鶴見俊輔、「戦後からの評価」、久野収編『美と集団の論理』中央公論社、一九六二年。
(3) コミュニケーション論的視点からなされた中井研究の重要なものは下記で論じた。門部昌志、「中井正一研究とメディア社会学の視点」『社会関係研究』第四巻第二号、一九九八年。

二〇〇〇年の印象的な出来事は、中井に関する論考が日本マス・コミュニケーション学会の学会誌に相次いで掲載されたことである。まず、北田暁大の「《意味》への抗い――中井正一の映画＝メディア論をめぐって」[5]が、次に後藤嘉宏の「中井正一とコミュニケーションの双方向性」[6]が掲載された。[7]偶然ではあるが、同年、中井における関数（機能）概念の受容と応用に関する発表を筆者自身も行った。[8]これらの論文や報告が示すのは、メディア／コミュニケーション研究における中井への注目である。

ここでは北田論文に注目してみよう。その特徴は、第一に、中井の思想を「直接性＝無媒介の思想」と見做す点であるが、それはボート競技を例として説明される。ある競技を習得するとは、規則や方法を思索的に「理解」することではなく、身体やオールなどの道具、水などの自然との連関性を「コツ」のような身体知の次元で体得することである。「自然（水）との人間（漕ぎ手）のたえざる折衝＝試行錯誤のなかから、『ああ、そうであったのか……という事後的な反省が間断なく漕ぎ手へと要請される。つまり、理論・思想という『意識の面におけるメディウムの媒介……』を経ることなく、自然との折衝のなかから直接的＝無媒介的に主体に反省を迫る契機が、〈オールを漕ぐ〉という現実的行動には見出されうるのである。この『無媒介の媒介』ともいうべき逆説的媒介を中井は媒体 Mittel とよび体系的思想に代表される Medium と峻別している」[9]。ここに見られるのは体系的思想と直接的＝無媒介な行動との峻別である。それは、中井の映画論を論じるなかで提示された受け手像にも反響している。受け手は「意味解釈に終始する解釈学的主体」ではなく、直接的＝無媒介にメディア「において（in）」、その身体を受容空間へと投げ出すような受け手であると規定される。これらの議論は、中井に「〈意味〉への抗い」を見出す姿勢に通じている。「中井はしばしば、……『抵抗の美学者』として記憶されてきた。しかし我々は彼をたんにイデオロギー上の抵抗者としてではなく、近代の意味中心主義を拒絶したラ

（4）メディアによる知覚の規定という問題が主体と対象の関係に対応するのだとすれば、コミュニケーションは主体と主体の関係に関わる。しかも、主体間のコミュニケーションはメディアによって媒介され、メディアによる主体の認識の規定はコミュニケーションにおいて生起する。したがって、メディアとコミュニケーションは絡み合いの関係にある。本稿では、中井におけるコミュニケーション論的側面に注目している。

（5）北田暁大「《意味》への抗い――中井正一の映画＝メディア論をめぐって」『マス・コミュニケーション研究』No.五六、二〇〇〇年。

（6）後藤嘉宏「中井正一とコミュニケーションの双方向性」『マス・コミュニケーション研究』No.五七、二〇〇〇年。

（7）なお、これらの論考は、その後、下記の著作に収録される。後藤嘉宏『中井正一のメディア論』学文社、二〇〇五年。北田暁大『〈意味〉への抗い　メディエーションの文化政治学』せりか書房、二〇〇四年。なお、北田論文は著作に収録されるにあたり、副題が変更された〔「中井正一の『媒介』概念をめぐって」〕。本稿で言及したのは著作に収録された論考である。

（8）門部昌志「中井正一における相互転換の論理：『機能概念の美学への寄与』を中心として」〔日本マス・コミュニケーション学会二〇〇〇年度春期研究発表会　於：関西大学〕

（9）北田、前掲書、五四頁。

ディカルな抵抗者＝人間学的唯物論者……としてもとらえなくてはならないだろう。いまだわれわれが逃れられない〈意味という病〉を看破したラディカリストとして[10]」。

北田論文では意味中心主義への抵抗者という中井像が提示されている。ここで、その前提を確認しておこう。第一に、北田は、中井の思想を「直接性＝無媒介 Unmittelbarkeit の思想」と呼んでいるが、これは「ベンヤミンの技術論を念頭に置」いたものである。第二に、「〈意味〉への抗い」をタイトルとするこの論考において、頻繁に言及されたのは主に中井の映画理論やスポーツ論である。意味を論じた、中井のテクストに対する沈黙は、理論的な理由による戦略的な回避とも考えうる。しかし本稿では、意味に関する中井のテクストを手がかりとして議論を進め、とりわけ言語活動の隠喩としてラグビーが用いられたことに注目する。一九二〇年代後半から三〇年にかけて中井は意味をどのようなものとして論じたのであろうか。すでに拙稿で論じた主題であるが[11]、以下では、まず、中井の言語活動、意味に関するテクストを検討した後、言語活動の隠喩としてのラグビーに言及する。そして同時期に発表されたスポーツ論を補助線としつつ、中井におけるコミュニケーションのイメージを素描することにしたい。

二　中井正一の言語活動論

二・一　発言形態と聴取形態

論文「言語」では、実質的には、言語活動と思惟の歴史的考察がなされていた。これに対し、一九二九年の「発言形態と聴取形態ならびにその芸術的展望」では、言語活動と思惟に関する歴史的考察は、その要点が繰り返されるにとどまり、議論は論理的な次元で展開されている。「ソシュールが言語と言語活動を区別せしこと」への言及を始め、「言語活動」という用語が頻繁に使われるのもこの論考の特徴である。

枢要な問題は、従来、〈判断〉は一様に捉えられてきたが、自らに語りかける場合と他に語りかける場合に応じて異なるというものである。ライナッハの場合、判断は〈確信〉と〈主張〉の二領域に峻別される。(12) まず、〈主張〉には、単純な主張と論争をめざす主張がある。とりわけ、論争は「相手の承認の要求」をもち、「相手の確信にまで連続する」。論争がもつ、他人に対する「了解の要求」は、「社会的作用」の顕著な特質と述べられる。というのも、自我において確信を

(10) 同書、六四―六五頁。
(11) 本稿は拙稿を改稿し、大幅に加筆したものである。門部昌志「中井正一における集団的コミュニケーションの観念」『県立長崎シーボルト大学国際情報学部紀要』第五号、二〇〇四年。
(12) 中井の解釈によれば、判断には「判断的是認」、また判断的是認の是認としての「同意的是認」がある。前者は、確信の領域に、後者は主張の領域に対応する。

主張に転ずることは可能であるが、同意を得ることは不可能だからである。判断を〈確信〉と〈主張〉の二領域にわかったライナッハの議論を紹介したのち、中井はさらに〈確信〉を「二つの方向」に分割する。一方には、発言者が他人に同意を求める際の確信、すなわち「出発点としての確信」があり、他方には「帰着点としての確信」がある。それは他人より同意を要求された主張に対して聴取者が了解する場合の確信を指す。つまり、他者の同意を求める際の確信と了解する場合の確信が指摘されている。換言すれば、発言と聴取の区別によって、中井は〈確信〉を峻別したことになる(13)。

二・二　意味の拡延方向と量的展開

述べたように、一九二九年の「発言形態と聴取形態ならびにその芸術的展望」では、発言と聴取の区別によって確信が分割されていた。一九三〇年の「意味の拡延方向ならびにその悲劇性」では、発言と聴取の対比は意味の問題に適用される。命題がもつ意味はそれを発言する場合と聴く場合では異なるのではないか。こうして、意味の質的深化のみならず、意味の量的展開が俎上に載せられる。論文タイトルにある「意味の拡延方向」とは、ある命題を他者に語る行為に結びついている。中井は、これをラグビーの比喩を用いて説明する。

「『ＳはＰである』の命題が意味の拡延方向を指すとは、それが他の人の関心において同方向への意味充足を予想して手わたすことである。ここに一つの例をとるとするならば、ラグビー球戯において、発言と聴取の両形態を二つの対立するチームと考え、常にゴールを志向する球を意味の志向性とするならば、競技者によってゴールに運ばるる球はすなわち意味の充足作用であり、その方向と直角にパスして他の競技者に球をわたすこと、そして彼をしてさらにゴールに突き進ましむること、そこにすなわち意味の拡延方向における作用がある」(14)

この一文は、様々な疑問を喚起するであろう。ボールに注目したこの隠喩は単なる実体論にすぎないのではないか、あるいは送り手から受け手へと移転されるものの同一性を誇張しているのではないか等々。しかし、一九三〇年頃、カッシーラーの関数概念を受容した中井は、すでに関係論的思考に親しんでいた(13)。「意味の拡延方向ならびにその悲劇性」と同時期に発表された論文「機械美の構造」が示すのは、中井が「もの」の中に関係を見いだす発想の持ち主だったということ

(13) ライナッハも二つの確信に気づいていたが、その「厳密なる区別と、その過程についてはふれることをしなかった」(中井正一、久野収編『中井正一全集１　哲学と美学の接点』美術出版社、一九八一年、二六〇頁)。

(14) 同書、二六六―二六七頁。

である。[15]さらに、後に説明するように、意味の拡延という彼の用語が示唆するのは、移転されるものの同一性が常に成立するわけではないという事態である。もっとも、これらの点を差し引いたとしても、この隠喩に対して様々な問題点を指摘しうると考える読者がいるかもしれない。誤解を避けるために本稿の課題を明示するならば、以下で行いたいのは、コミュニケーションの一般的モデルを提示することではない。この隠喩に注目するのは、中井における言語活動と意味の観念、さらにはコミュニケーションないし微視的な相互作用の観念を探る手がかりとしてである。

実際、中井研究やコミュニケーション論の領域で、この隠喩に注目した先行研究が発表されてきた。例えば、佐藤毅は、彼自身が同化論と見なしたミードの議論と対比しつつ、受け手側の異化論を展開する手がかりとして、意味の拡延作用と疎隔に関する議論に注目した。[16]

足早に先行研究を確認したわけであるが、先の隠喩の解釈を示しておこう。この隠喩の冒頭では、第一に、ラグビーの「二つの対立するチーム」が、発言と聴取に対応している。第二に、先の引用部分の二行目では、競技者によってゴールに運ばれる球が意味の充足作用に譬えられ、他の競技者に球をパスしてゴールに向かわせることが意味の拡延方向における作用に譬えられている。

意味の充足的作用は、自らに語る内なる言葉や思惟の領域の作用である。他方、意味の拡延方向における作用は、外なる言葉や主張において見出される。「SはPである」という命題を他者に「同方向への意味充足を予想して手わたす」時、その命題は意味の拡延方向を指している。主張は「一つの確信をそれと同一意味をもって他に確信を要求する」方向であり、相手の承認を要求するものである(17)。

中井は、芸術を例として、意味の質的深化と量的展開という対比をつけ加える。芸術作品とその作者との関係は、意味の充足的方向におけるものであり、そこには意味の質的深化が見出せる。これに対し、芸術作品を他人に提示する行為は拡延的方向に対応しており、そこには意味の量的展開が生じる。このように、中井は、自我の内面における意味の充足と質的深化、さらに、社会

(15) 両論文とも、一九三〇年、異なる雑誌の二月号に掲載された〔中井正一全集における「機械美の構造」の刊行年は誤りである〕。

(16) 佐藤毅、「同化と異化」、江藤文夫・鶴見俊輔・山本明編『講座・コミュニケーション6　コミュニケーションの典型』研究社、一九七三年。論文「同化と異化」で佐藤は、慣れ親しんだものに驚くこと、異邦人の目をやしなうことを「異化」とし、送り手の意図した「異化」が受け手にとっての「異化」と必ずしも一対一対応しないことに注目する。「受け手の『異化』が表現者＝送り手の『異化』を乗り越え」る可能性に着目することにより、彼は「異化」論を受け手の側から再考した。異化論を受け手論に転換させるための手がかりが意味の拡延と疎隔に関する中井の議論であった。これに対比されるのは一九三四年に刊行されたG・H・ミードの『精神・自我・社会』における議論である。主我については言及することなく、一般化された他者を客我として内面化させることで新たなパースペクティヴを獲得するという議論を佐藤は同化論と見なし、異化論の系列に対比させている。

(17) 他人を納得させるという目的は発語媒介的な言語活動の特徴である。

の内面における意味の拡延と量的展開という「芸術的意味の構造」を提示する。

意味の拡延方向はさらに分類されている。「了解能力の可能性、換言すれば意味充足の追求能力の比較において、同等である場合と、差異ある場合と、そのいずれでもありうる場合に分かれる」。これらは、それぞれ、対立的、転換的、統体的と呼ばれる。これらの議論において、コードや意味構造、支配的な社会構造、優先的意味などの観念が前提とされていないことは自明であるにせよ、受け手の了解能力に応じた多様な受容の可能性が示されたことは注目してもよい[18]。

意味の拡延と量的展開はディスコミュニケーションの問題に関連しており、中井において、それは他人への疎隔と呼ばれる。他人に対して「みずからは決してさながらに受け取られることはない」のである。ラグビーの隠喩は、一見、送り手が受け手に何かを渡し、それが受け取られるとする移転メタファーのように思われる。しかし、意味の拡延や疎隔の問題は、移転されるものの同一性に疑問を投げかけている。

ここで、中井のコミュニケーション論的側面を整理しておく。第一に、中井が何の意味について論じていたのか、という点である。論文「言語」で論じられたのは、言語における概念的意味、そして芸術的意味ないし感覚的意味であった。この対比は、「意味の拡延方向ならびにその悲劇性」で発展させられている。一方は、「SはPである」という命題のレヴェルにおける意味として、他方は絵画、小説、戯曲などを例とした芸術作品の意味として[19]。したがって、一九二七年から一九三〇年頃の中井は言語と芸術作品を念頭に置きながら、概念的意味と感覚的意味について論じていたことになる。第二に、中井は発言と聴取の区別を意味論に導入し、意味の拡延や量的展開という論点を導き出した。この問題は、今日の受容研究に通じる。また、意味の拡延方向とともに論じられる他人への疎隔はディスコミュニケーションの問題であった。第三に、内なる言葉と外なる言葉というタームが示すのは、個人内のコミュニケーションと個人間のコミュニケーションが論じられたということである。

二・三　発言と聴取の交叉

「発言形態と聴取形態ならびにその芸術的展望」の冒頭で中井は主張と確信の区別を取り上げていた。しかし、論文の末尾において彼はその区別を脆弱なものにしてしまう。「主張と確信の二つの領域はその解体を要求されはじめる」。その理由は「内なる聴取者」に関わっている。

（18）S. Hall,"Encoding /decoding", in Hall S. *et al.*, (eds.), *Culture, Media, Language*, Routledge, 1980, pp.128-138. の議論を想定した記述である。なお、ホール以降のオーディエンス論については下記を参照。Morley, D., *Television, audiences & cultural studies*, Routledge,1992. Morley, D., "Active audience theory: Pendulums and pitfalls" in Mark R. Levy and M. Gurevitch(eds), *Defining media studies: Reflections on the future of the field*, Oxford university press, 1994, pp.255-261.

（19）論理的命題が感覚的意味をもつ場合、あるいは芸術作品に概念的意味が込められている場合も考えられよう。

中井は発言者における聴取者の存在を指摘していた。ある命題について発言する時、他人は判断を留保しながら、肯定でも否定でもない無関心の状態でそれを聴く。だが、そればかりではない。発言者の内なる聴取者もまた、判断中止の無関心な状態で、その発言を聴いているかもしれないのである。従って、「私たちは、私たちの中にもまた、聴取者をもっている[20]」。ここでは、発言者と聴取者の二極ではなく、発言者、「自我の内面なる聴取者」と「自我の外面なる聴取者」が想定されている[21]。

二・四　「意味の拡延方向」の前提

発言と聴取、そして意味の拡延方向に関するテクストを辿ってきた。これらの論考を読む手がかりは、「文学の構成」（一九三〇年）に見出される。言語構造に関する地質学的隠喩など、興味深い記述が含まれているが[22]、ここでは、意味に関連する論点を確認する。

第一に、このテクストでは、意味の拡延方向と現象学における意味充実（中井は「意味充足」と表記する）の関係が示されている。「現象学」における「意味の充足作用……についてはすでに多くの検討がなされているけれども、それはしかし、単に確信の領域にかぎられている。主張、すなわちそれを一歩進めるならばアジテーションであり、さらに二歩進めるならばプロパガンダであるところの意味の拡延の方向が閑却されている。ライナッハの他に了解されたき要求の心理的要素を抽出することによって、社会の本質的構成はむしろ、この意味の拡延方向の構成領域ではあるまいか」[23]。意味の拡延という用語は、現象学における意味充足の概念と異なるものとして提起された。意味の拡延は他人とのコミュニケーションや主張に関する言葉として、社会に関わる概念として――経験や現実の意味についての洞察が見られないとはいえ――提示されたのである。

第二に、「文学の構成」では、意味の充足方向および拡延方向の対比が、比喩なしに説明されている。「私たちの言語構造は二つの隔離の上に成立する。一つは無限に自分に向って問わんとする方向における意味の方向と、他は無限に他人に向って問わんとする方向における意味の方向である。前者は意味の充足としての『もの』の模索であり、……後者は意味の拡延としての『もの』の模索である」[24]。ここで述べられている意味の充足と拡延の相違を考える前に、現象学にお

(20) 中井正一、久野収編『中井正一全集1　哲学と美学の接点』美術出版社、一九八一年、二六二頁。
(21) 同書、二六五頁。
(22) 「時代時代によって言語構造は多くの異なれる隔離要素をもっていたことを指摘して、時代の文学の変様をあたかもその爆発の年代をその截断面に見いだす地質学のごとく、検索しうることとなるであろう。」（中井正一、久野収編『中井正一全集3　現代芸術の空間』美術出版社、一九八一年、二六六頁）
(23) 同書、二五九頁。
(24) 同書、二六〇―二六一頁。

ける意味充足の概念について述べておこう。

知られるように、フッサールは、『論理学研究』において、意味志向と意味充実化を区別した。前者は、伝統的には概念や思想（直観的に充実されていない思念という意味での）という用語で論じられた問題であり、後者は概念や思想に対応する直観に関連している。例えば、今、ある人物が庭をみており、「一羽の鳥が飛び立つ」という言葉で彼／彼女の知覚を表現した場合、聴き手は、自分で庭を眺めなくとも、この言葉と文全体を理解しうるし、信頼を通して同じ判断をくだしうる。我々は、自分で知覚しなくても、他者の知覚の表現を理解し、思想の形式ないし表現をも理解するのである。この時、対象との関係が直観によって裏付けられない場合、それを空虚なものと呼ぶとすれば、対象が実際に現存している場合は直観によって意味が充実されるといいうる。(25)

これに対して、中井における意味の拡延と意味の充実とは何であったか。第一に、彼にとって「意味充足」（意味充実）は「無限に自分に向かって問わんとする方向」に結びついていた。他方、「意味の拡延方向」は「意味充足」（意味充実）の概念を「無限に他人に向かって問わんとする方向」に転換する用語であったと思われる。意味の拡延方向は孤独な心的生活ではなく、他者とのコミュニケーションに関わる用語であったが、この言葉が意味充足概念の限界を継承したのか検討する余地はある。(26) 第二に、中井は、自らに語る内なる言葉や思惟の領域における作用としての意味の充足作用を語った。しかし、自己と内なる聴取者の関係が畏れを伴うものと見なされていることに、私たちは刮目しなければならない。

二・五　畏るべき存在としての内なる聴取者

「意味の拡延方向ならびにその悲劇性」で、中井は、発言者、「内面なる聴取者」と「外面なる聴取者」を想定していた。特に、発言者と「自我の内面なる聴取者」の関係を考えた場合、一見、それは外的なものに媒介されない直接的な関係のように思われる。にもかかわらず、中井において、その関係は調和的なものと見做されてはいない。「自我の内面なる聴取者」という術語は、自分が語るのを聞くという事態に対応すると思われるが、中井の場合、内なる聴取者は、「畏るべき存在」とされているのである。「内なる言葉としての確信の最も深き内底に畏《おそ》るべき存在と

(25) フッサールの『論理学研究』を参照〔フッサール、立松弘孝訳『論理学研究4』みすず書房、一九七六年〕。
(26)『声と現象』の中でデリダは、充実した根源的直観に対する意味の現前が現象学における価値の源泉となっていること、さらに、意識としての現前の特権は声の卓越性に基づくことを指摘した。中井は「内なる聴取者」について述べたが、意味伝達の透明な媒体として声を特権化し、文字を貶めたわけではない。なお、デリダの議論は、自己現前の純粋な実現と自由な戯れとの間で「オール・オア・ナッシング」の選択をするものではない〔デリダ、高橋允昭訳『声と現象　フッサール現象学における記号の問題への序論』理想社、一九七〇年〕。

して、分離されたる自我、すなわち『自分』が涯《はて》なき無関心性をもって黙しているのではあるまいか、という悪寒に似たる疑いを惹起せしめるものがある……」(27)。自己と内なる聴取者の直接的関係は、透明な意味伝達を可能にするものとして肯定されるのではなく、むしろ悲劇的なものとして描かれている。

さらに、引用部分の後半では、自我の外にもさらに永遠に聴く否定者がいると述べられている。この意味で、人は「二つの孤独」につきまとわれている。それは確信した内容や主張する事柄が、内なる聴取者、および外部の聴取者によって否定されるという、不安を伴う予期によって生じるものであろう。「二つの孤独」は、おそらく、コミュニケーションの不確実性に関連している。だが、それは相互作用の一方に注目した言葉である。発言者と聴取者が相互に転換する実際のコミュニケーションは、より重層化した孤独や不確実性によって成立しているのではないか。

意味の拡延方向を説明するにあたって、中井は、論理的な説明と比喩による説明を試みた。一方で、論理的説明は、概念の特徴を明示しているが、同時に、その概念の限界をも顕在化させたように思われる。他方、隠喩としてのラグビーに曖昧さという陥穽が伴っているのは疑い得ない。しかし、だからこそ、論理的説明では示せなかった事柄を——おそらくは彼の意図をこえて——提示する豊穣な可能性を持っているのではないか。それは結晶なのであり、自らが埋め込まれた地底をかいま見せながら、切子面から多方向に光を反射させる。隠喩としてのラグビーに立ち帰る時であろう。

三　集団と身体運動

言語活動を論じる際、中井はラグビーの比喩を用いた。なぜ彼はそうしたのであろうか。この問いは二つに分割できる。第一は、なぜ、彼は隠喩を用いたのかという問いである。意味の量的展開を説明する方法として、それ自体が多様な意味を産出する隠喩を用いること。それは記述上の戦略として不自然ではない。第二に、なぜ、彼はラグビーの隠喩を用いたのか。意味の拡延方向に関する論考で、中井はラグビーそれ自体を説明していない。だが、それを発表した一九三〇年、中井は一連のスポーツ論を執筆・公表し、ラグビーを論じている。もちろん、スポーツ論と隠喩としてのラグビーは別個のものである。だが、同時に、のちに書かれたスポーツ論を補助線としてラグビーの隠喩を再考する時、いかなる理論が紡ぎ出されうるかということが探求されても良いであろう。もっとも、中井のスポーツ論[28]を扱う前に、その理論的前提である機能（関数）概念

(27) 中井正一、久野収編『中井正一全集 1　哲学と美学の接点』美術出版社、一九八一年、二六五－二六六頁。
(28) 中井のスポーツ論については、以下の研究がある。樋口聡『スポーツの美学――スポーツの美の哲学的探求』不味堂出版、一九八七年。井上俊「文化としてのスポーツ」『スポーツと芸術の社会学』世界思想社、二〇〇〇年。亀山佳明「スポーツと日常生活にみる滑走感覚」、井上俊編『現代文化を学ぶ人のために』世界思想社、一九九三年。

を確認することにしよう。

三・一　関係論的思考

一九三〇年の論文「機能概念の美学への寄与」で、中井は、事物を関係項として把握する関数（機能）概念を導入している。それは、今日、私たちが関係論的思考と呼ぶものに対応する。[29]　機能概念において、事物はもはや関係以前の独立した存在ではなく、「機能的関係によってのみその全体の内容を得る」。「組織」の要素は全体の部分としての大きさではなく、「互いに規定しあう関連的組織に融合する函数形」と見なされる。[30]

機能概念に由来する関係論的思考は形而上学的区別の批判に通じるものでもあった。形而上学の罪は、認識論の領域を踏み越えた点にのみ存在しているわけではない。認識の領域内においても、「函数的関連のもとにある分離すべからざる要素を、不当にも分離して考へ、論理的相関性にあるものを物的対象として扱ふごとき誤謬を犯してゐる」[31]。ここでは、相互的にのみ規定される一対の観点を分離させ、論理的に相関するものを事物的に対立するものに解釈し直す形而上学特有の手続きが批判されている。固定的で不動の境界を前提とする思考に対して提示されるのは、カッシーラーに由来する、可動の境界を前提とした思考である。「絶対的に変化的なものも、絶対的に恒常なるものも、理念として可想的であるにすぎぬ。只比較さるゝ他物によつて変化的とも恒常的とも云ひ得るのである。カッシラーに取っては、現在の状態は過去のそれに対して客観的と考へられると同時に、現在の状態は未来のそれに比して主観的と考へられる」[32]。これは対立するものに転換可能性を見出す思考であり、中井はそれを「相対的なる転換的ヒエラルカイア」と呼ぶ。

これに類似した思考が、意味充足と拡延に関する記述に見いだされる。「創作がさらにその完成とともに再び発表に転ずる時、すなわちこの芸術的充足性より再び芸術的拡延性に転ずる場合、それはさきの拡延層よりも深い層性による意味の拡延作用でなければならない。……かくして意味の充足と拡延のヒエラルケイヤはそのかぎりなき梯子を昇りゆく」[33]。創作と発表との往還は、意味の充足と拡延の往還でもある。これらの過程は、単なる反復ではなく、充足作用と拡延作用の深化する過程である。

(29) 中井の機能概念については以下の論文でも論じた。門部昌志「技術と媒介の社会学」、大阪大学人間科学部『年報人間科学』第二〇号、一九九九年。
(30) 中井正一「機能概念の美学への寄与」『哲学研究』第一七六号（一九三〇年十一月号）、四二一－四二三頁。
(31) 同書、四四頁。
(32) 同書、四六頁。
(33) 中井正一、久野収編『中井正一全集１　哲学と美学の接点』美術出版社、一九八一年、二七四頁。

三・二　関係と集団

機能概念を契機として中井は関係論的思考を導入した。では、この思考において集団はいかに論じられたのか。「集団美」と題された草稿に以下のような記述がある。「集団の言葉の感じには、機能とその複合、すべてがその要素であり、その要素相互間の統制による『秩序としての多数』の意味がともなっている。どこかに中心体があるのではない。むしろ、個体が常に重々無尽に全体に浸み透っているところの一つの関連形態である」[34]。ここで、集団は、単に実体としての個人が集まったものではなく、相互依存的な関連形態と見なされている。同じ文章の中に、ラグビーにおける「集団の組織と、その働きの美わしさ」という記述がある。

動態的な関係性、あるいは瞬間崩れゆく美しさ

中井は、ラグビーの美を、生き生きと描写した。「ホイッスルが鳴って、一斉にラガーが動き始むるとき、球がそのいずれかの一人に落ちた瞬間、味方の十四人は勿論、敵の十五人の一々があたかも深い数字のごとく黙々とそのあるべきプレイの位置に動いているのを見入る時、球を中心として、見えざる力の波紋が次から次へと二方向的に作用するのを見る。そして、得点はともあれ瞬間息もつかせざる関係の構成、一人のT・Bに渡すハーフの一擲は十四のラガーに呼懸け

る『見えざる関係の構成』でなくてはならない。もし、『構成の感覚』が今新しき芸術の要素であるならば、……ラグビーは瞬間崩れゆく現つの夢ではあれ、しかも常に永遠を背負わないと誰がいい得よう」[35]。ここで中井は、ボールをめぐるラガーたちの動きについて、「瞬間、息もつかせざる関係の構成」と記している。この感覚は彼にとって「新しき芸術の要素」であった。かつて言語活動の隠喩としてラグビーに言及した中井は、その後、スポーツとしてのラグビーを、「関係の構成」でありながら「瞬間崩れゆく美しさ」を喚起するものと見なしたのである[36]。

共同存在的気分

中井は、ラグビーを機能概念によってのみ把握したわけではない。ボートを例としてチームの共同相互存在を彼はこう説明する。「自分と云ふものは他のシートとの各々の特殊なる機能と部

(34) 中井正一、久野収編『中井正一全集2　転換期の美学的課題』美術出版社、一九八一年、一八四頁〔ルビ削除〕。
(35) 中井正一、久野収編『中井正一全集1　哲学と美学の接点』美術出版社、一九八一年、四一〇‐四一一頁。
(36) ラガーの動きを「関係の構成」と見なした「スポーツの美的要素」は一九三〇年の五月から六月にかけて『京都帝国大学新聞』に発表された。隠喩としてラグビーが用いられたのは、同年一月号の『哲学研究』に掲載された「意味の拡延方向ならびにその悲劇性」においてである。

署に従つて、共同相互存在としてのみその存在の意義をもつのである。しかも、スポーツに於て浮上り来るものは……寧ろその相互の共同性そのものなのである」[37]。ここで中井は、機能概念と存在論的タームを併用しているが[38]、この後、ラグビーが言及される。

「ラガーのハーフの一擲によつてＴＢの線は云はずもがな、十五のラガーが球を中心に見へざる力の波紋となつて、次から次に二方向的に作用する感じは、一つのチーム全体が一つの集団的実存的性格であることを思はしめる」[39]。もっとも、この論考では、ラグビーのチームにおける集団的実存的性格が言語活動と関連づけられることはなく、従ってまた、集団的討議における気分も論じられてはいない。

逆関係的否定性

集団的実存的性格。この言葉を目にする時、我々は調和的な集団を想起するかもしれない。しかし、中井にとって、ある種のスポーツは調和的イメージで捉えるべきものではなかった。「ボート、ランニング、水泳その他フィィールド競技の多くのものは競争において、単一的であるに反して、野球、蹴球、のごときものは多くの要素の複合であると同時に、逆方向すなわち妨害行為を含んでいる意味で二方向的である。……前者においては比量に積極的否定性がないのに反して、後者は明らかに逆関係的否定性が包含されている」[40]。この記述の後、中井はラグビーで「見えざる力の波紋が二方向的に作用する」ことに言及している。したがって、ラグビーもまた、「逆関係的否定性」を含むと考えられている。言語活動の隠喩としてのラグビーの記述には、「発言と聴取の両形態を二つの対立するチーム」と仮定する箇所があったことを考慮すれば、発言と聴取の関係は逆関係的否定性に対応すると思われる。逆関係的否定性としての二方向性という問題は、従来の中井研究において見過ごされてきた。関係としての集団という問題設定では統合的なイメージが想起されやすいのに対して、逆関係的否定性の契機は、その限界を内側から越え、葛藤について論じることを可能とする。対立するチームがあってこそ、ボールをめぐるラガーたちの動きが生まれる。発言と聴取という逆関係的否定性は、言語活動において動態的関係を生み出す力の源泉である。

三・三　隠喩をめぐって

中井のスポーツ論における集団ないしチームに関する記述から、相互関連する動態的な組織、

(37) 中井正一「スポーツ気分の構造」『思想』第一三二号（一九三三年五月号）、九九頁。
(38)「ノイエ・ザッハリッヒカイトの美学」（一九三一年）で中井は、カッシーラーとハイデガーを架橋している。
(39) 中井、前掲論文、九九頁。
(40) 中井正一、久野収編『中井正一全集１　哲学と美学の接点』美術出版社、一九八一年、四二八頁。

共同存在的気分、逆関係的否定性などの論点を抽出してきた。これらは、スポーツ論で展開された論点であり、言語活動の隠喩として中井がラグビーに言及した後に発表されたテクストに含まれている。スポーツとしてのラグビーを論じる際、中井は、言語活動の隠喩としてのラグビーを意識していたのであろうか。それとも、両者は全く切り離された企てであったのか。しかし、これは回答し得ぬ問いである。外在的に意図の詮索をするのではなく、ここでは問いを転換したい。中井のスポーツ論を言語活動の隠喩としてのラグビーに接木することで、いかなるコミュニケーションのイメージが描き出されるのか、と。

かつてソシュールがチェスの譬えを用いたことは知られている。これに対して、中井におけるラグビーの隠喩は、言語活動と身体、行為の密接な関係を強調している。それは、さらに、ゲームとしての言語活動というイメージを喚起する（しかし、中井には規則に関する議論が欠如している）。それはまた、極めて動態的で、アゴニスティックな言語活動のイメージを提示している。ラグビーボールは「常にゴールを志向する」と述べられているが、実際には、常に成功するわけではない。言語活動の隠喩としてのラグビーは、ミスや不成功の問題を含むと思われる（これは疎隔の問題に関連すると思われる）。

四　おわりに

一九二〇年代後半から一九三〇年にいたる時期において、中井は言語活動をめぐる議論を集中的に展開した。それらはやがて論文「委員会の論理」に組み込まれることになる。ところが、「委員会の論理」で意味の量的方向が論じられる際、隠喩としてのラグビーは用いられていない。中井における隠喩としてのラグビーは姿を消してしまったのである。

一九四八年、中井は死没した戸坂潤にかんする学生時代の想い出を発表している。「彼が京都を去るまで、私と彼は、実に会えば必ず闘う論敵であった。土曜日毎、田辺元先生の訪問日は、きまって頬の熱するまでのポレミイクに終っていた。……『あっ』と云うような、新たな論旨から、こちらの立場を崩さんとして、実に精緻で、堂々とした論理をもって臨んで来るのであった。／大きなワナを仕組んで、論理のすべてが、それに導くように、相手にハッキリと、その誤謬を自分でみとめるために、彼の論争のメカニズムが構成されている。それをこちらで感じつつ、その中に突込［ママ］んでゆく論争は、実にたくましい格闘であり、実に健康な、すがすがしいスポーツであった(41)」。

この文章は、一見、回顧的エッセイにすぎないように思われる。しかし、注意深い読者は、言

(41) 中井正一「戸坂君の追憶」、田辺元他著『回想の戸坂潤』勁草書房、一九七六年、九七–九八頁。

語活動論で用いられた「論争」のカテゴリーが、そして隠喩としてのスポーツが、二〇年近い歳月をこえて回帰していることに気がつくであろう。相手の承認を要求する「論争」は、理論や体系的な知を必要とする、意識的な言語活動のはずである。それが、スポーツという直接的＝無媒介的な身体運動にたとえられている。言語とスポーツにはどのような関連があるというのか。この問いを体系と実践の関係に置き換えて考えてみたい。

体系はその中から実践を生み出すことはできない。というのも、仮に体系が実践を包含するなら、実践はもはや実践ではなくなり、観想された実践の概念にとどまるからである。これに対して、体系それ自体が実践に媒介される可能性が考えられる。「論理そのものが、行動を離れては成立しない[42]」。意識によって媒介された理論、あるいは意識に媒介されない直接性のいずれでもなく、行為によって媒介される論理への関心を、この言葉は示している。言語活動や論争という、意識に媒介された活動の隠喩としてスポーツが用いられたのは、行為に媒介された知のあり方を示すためであったと思われる。見てきたように、中井は戦前から言語活動や意味に関する論考を発表し、そのなかで言語活動をラグビーという身体運動に譬えていた。戦前のテクストにみられる隠喩としてのラグビーは、論理と行動の結びつきを重視する思考に対応する。おそらくそれは、意味と反意味という対立をこえて、中井の思想を捉える糸口になるであろう。

（42）中井正一「芸術における媒介の問題」『思想』第二七五号（一九四七年二月号）、三六頁。

第四章　中井正一の言語活動論をいかに読むか

中井正一の論文、「委員会の論理」（一九三六年）は、日本におけるコミュニケーション論の古典である。この論文を書く以前、一九二〇年代後半に彼は言語活動に関する論考を発表している。とりわけ一九二九年には、発言と聴取についての論考を発表している。そこで批判的に検討されたのは、現象学者、ライナッハのテクストである。中井の没後、とりわけ一九八〇年代以降、ライナッハは、欧米や日本の研究者により、言語行為論との関連で論じられている。今日、中井の言語活動論を読むのであれば、この新たな動向を無視すべきではないであろう。他方、この動向を中井研究に機械的に適用することは、議論の余地のあるものであろう。これらの二者択一を回避しながら、本稿では、中井正一の言語活動論を再読する方法を探究する。確かに、本稿は準備的な作業にすぎない。しかし、「委員会の論理」を再考するために必要な作業でもある。

一　言語論の方へ[1]

『判断力批判』翻訳中の深田康算から薫陶をうけた中井は、「カント判断力批判の研究」（一九二五年）から出発した。一九二七年、中井は『哲学研究』の七月号で「カント第三批判序文前稿について」を発表した。その彼が、二〇年代後半以降の数年間、言語や言語活動、意味をめぐる論考を執筆している。カント研究の後、そして「委員会の論理」執筆以前のある時期、中井は言語論、言語活動論に没頭していたことになる。何故であろうか。

ここでは、カント論、言語論、そして関数概念に関わるカッシーラーに注目したい。中井の「カント第三批判序文前稿について」は、シギスモンド・ベックによって「抄略」された序文に関する論文であった。カント全集の、ベックによる序文は、中井によれば、重複をさけるためとはいえ、論脈の破壊や論旨の転換などの過誤があるといわざるをえないという。むしろ、「この態度にあきたらずしてカッシーラーならびにビュークが、この新たに発見されたる前序を、そのまったきすがたをもって彼の全集に編みいれたことはむしろ正当」と中井は述べる。[2]彼がカント論を書いた前提は、第三批判序文前稿がカッシーラー版全集に掲載されたことである。杉山の指摘によれば、カッシーラー版全集で前稿が公刊されたのは、「中井が京大哲学科に入った年のこと」であった。[3]

一九二〇年代は、カッシーラーが言語についての著作を刊行した時代でもあった。『実体概念と関数概念』（一九一〇年）で数学的・自然科学的思考の構造を扱ったカッシーラーは、その後、対象領域を拡張し、言語や神話、芸術に言及するようになる。理性批判から文化批判への移行である。そして『シンボル形式の哲学』（一九二三年）第一巻の主題は言語であった。こうした言語への関心は、主観／客観という確定した区分を前提するものではない点に留意したい。カッシーラーは述べている。「精神的諸形式の分析に際して、主観的なものと客観的なものというすでに確定している独断的区分からはじめるわけにはいかない」、と。むしろ、「この精神的諸形式そのものによってはじめて主観と客観という領域の境界線が引かれ、その領域が確定される」。認識や言語、神話、芸術は、外的・内的な像を反映する「単なる鏡」ではない。それらはむしろ「独

（1）本稿は、二〇〇八年三月一五日に行われた日本マス・コミュニケーション学会第三一期第三回研究会（メディア史研究部会）において筆者が行った報告の原稿を整理し、加筆修正を加えたものである。当日は、前半に、「中井正一の言語活動論をいかに読むか――『発言形態と聴取形態ならびにその芸術的展望』を中心として」と題した発表を門部が行い、後半は、後藤嘉宏氏（筑波大学）が報告を行った。司会者は佐藤卓己氏（京都大学）である。なお、共通のタイトル（「中井正一――メディア／コミュニケーション論の先駆者」）が設定されていたが、各自のレジュメには別のタイトルが記されていた。

（2）なお、中井は、「ベックの思惟方法とカッシーラーならびにビュークなどの思惟方法のいずれが正しいかをいおうとするのではない」と断っている（中井正一『中井正一全集1』美術出版社、一九八一年、二八八頁）。

（3）杉山光信『思想とその装置Ⅰ　戦後啓蒙と社会科学の思想』新曜社、一九八三年、一四〇頁。

自の光源」であり、「見ることを条件づける」のである[4]。二〇年代において既に主観／客観の対立への懐疑が語られており、そうした前提のもとで言語論が提示されていたのである。

一九二七年から一九二八年にかけて、中井は論文「言語」を発表する。そこで彼は数回カッシーラーの名前に言及しているにすぎない。しかし、カッシーラーの影は中井の文章に付きまとうことになる。それを明確に示すのは、中井によるFunktionsbegriffの受容である。中井が論文「言語」を発表する前年の一九二六年には、カッシーラーによる『実体概念と関数概念』の抄訳が大村書店より出版されていた（当時のタイトルは、『実体概念と関係概念』であった）[5]。そして一九三〇年に中井は、カッシーラーの関数概念についての論考「機能概念の美学への寄与」を刊行する。Funktionsbegriffに言及する際、中井は「函数」や「機能」という言葉を用いている。今日、私たちが関係論的と呼ぶであろう思考を応用しつつ、中井は、組織について「互いに規定し合ふ関連的組織に融合する函数形」と述べている[6]。関係論的思考の導入は、主観／客観といった固定的な形而上学的対立への批判を伴っていた。「形而上学の犯した罪は、単にそれが認識論の領域を踏み越えたることにのみ止まらず、認識の領域内に於ても、函数的関連のもとにある分離すべからざる要素を、不当にも分離して考へ、論理的相関性にあるものを物的対象として扱ふごとき誤謬を犯してゐる」[7]。主観／客観の対立を批判した後、中井は、意識の危機について語り、機械技術をも含む集団的な意識を探求するが、これは中井をメディア論的関心から再読する際に留意すべきことである。ともあれ、カント研究から出発した中井は、カッシーラーに触発されつつ、機能概念の考察や二分法への批判を行った(8)。論文「言語」における言及が示すように、カッシーラーの著作は、言語論の領域でも中井に示唆を与えたことであろう。

さて、中井の言語論、言語活動論、意味論に関するテクストを筆者は既に論じてきた。ここで従来の拙稿と本稿の相違をまとめておく。言語論から「委員会の論理」までの中井の論考に関しては、既に筆者は集団的コミュニケーションとの関連から論じた(9)。その後、中井自身が多用しない言葉を用いて再構成することの困難さを感じるようになり、中井が用いた「言語活動」という

---

(4) カッシーラー、生松敬三・木田元訳『シンボル形式の哲学［一］第一巻　言語』岩波書店、一九八九年、五六頁。
(5) 翻訳者の馬場和光は、タイトルに「関係概念」という言葉を用いた事情を「訳述者序」の中でこう説明する。「尚本書の標題は……厳密なる意味よりすれば『実体概念と函数概念』とすべきであるが、Funktion なる語は甚だ一般的なる意味が与へられて居るので（又一方一般の読者に理解し易くする為に）便宜上『実体概念と関係概念』として置いた」。なお、山本義隆によれば、これは「全体を三分の一弱に縮めた要約」であった。
(6) 中井正一「機能概念の美学への寄与」『哲学研究』第一七六号（一九三〇年十一月号）、四三頁。
(7) 同書、四四頁。
(8) 門部昌志「中井正一再考―集団的思惟の機構について」『県立長崎シーボルト大学国際情報学部紀要』第三号、二〇〇二年。
(9) 門部昌志「中井正一における集団的コミュニケーションの観念」『県立長崎シーボルト大学国際情報学部紀要』第五号、二〇〇四年。

言葉に注目するようになった。後の論考[10]では、中井の言語活動論に照準しつつ、彼が言語活動を身体運動に喩えた点を検討したが、行為性が強調される理論的背景を示すことは出来なかった。本稿では、議論の対象となる中井の論考をより限定し、言語活動論の理論的背景に光を当てた。中井の論考で引用された幾つかのテクストを読解し、時には同時代の書物を参照した上、中井の論考を再検討したのである。他方、中井が論じた人物の一人であるA・ライナッハのテクストが、今日、言語行為論の文脈で再読されていることから、彼を論じた中井の言語活動論と言語行為論との関係をどう考えるべきかという現代的な問題も扱っている。ただし、本稿で企図されるのは、中井の言語活動論をいかに読むべきかという問いの提示である。では、以下において、一九二〇年代後半から一九三〇年頃の論考を主に扱いながら、中井の言語活動論を検討することにしたい。

二　中井正一の言語活動論――過去と現代のコンテクスト

「論理よ文法に心せよ。ヴィンデルバントは古き言葉を云ひかへてこう云つた」。「発言型態と聴取型態並にその芸術的展望」（一九二九年）の冒頭で、中井はヴィンデルバントに言及している。その前年には、ヴィンデルバントの『否定判断論』の邦訳が出版されていた。中井が言及したのはこの著作の一部分である（ただし、中井が註で明記したのは原書である）。著作の末尾でヴィンデルバントは、否定判断論に深く食い入っていけばいくほど、論理的形式と言語的形式の差が現れてくると指摘する。論理的に思考される総てが言語で語られるわけではなく、言語的に語られることの総てが論理的に考えられるわけでもない。いかなる言語であれ、ある思想形式に対して、唯一それだけに対応する表現形式を作ることはない。そのため、論理的分析は言語的形式の背後に突入せんとしなければならない。「論理学は既に其始めに於いて文法的研究と相錯綜して現はれてゐるやうに、論理学の改造が試みられた時は何時でも、其原理を文法中に求めんとする企てがくりかへされて居る。」「……文法は論理から理解されることを要する。然しその逆ではない。かくて吾々は古い言葉を変えて云ふことが出来よう、論理よ文法に心せよ、と」[11]。『否定判断論』の末尾の言葉を、中井は、論文の冒頭で引用する。「論理よ文法に心せよ。ヴィンデルバントは古き言葉を云ひかへてこう云つた」。しかし、この言葉に、中井が全面的に同意していたわけではない。論理について考察するには、文法のみならず、言語活動にも注意すべきだと考えていたからである。先の引用文の後、中井はこう書いている。「ソッシユールが言語と言語活動を注意して区別せし事が正当であるならば、論理は文法に心すべきであると共に、その生けるすがたである言語活動に向つてその誘惑の危険と共に又その深い交渉に更に心すべきであらう」[12]。

（10）門部昌志「集団／身体／言語活動」『県立長崎シーボルト大学国際情報学部紀要』第七号、二〇〇六年。
（11）ヴィンデルバント、枝重清喜訳『否定判断論』（哲学論叢四）、岩波書店、一九二八年、四五頁。
（12）中井正一「発言型態と聴取型態並にその芸術的展望」『哲学研究』第一五五号（一九二九年二月号）、一三八頁。

論文「言語」（一九二七－一九二八年）でも、内容的に「言語活動」と見なしうる事柄は論じられている。しかし､それらは「言語活動」ではなく､「問いと答えの交換」､「会話」､「討論」､「言説」、「話される言葉」等といった別の言葉で指し示されていた。ところが、「発言型態と聴取型態並にその芸術的展望」（一九二九年）になると､「言語活動」という用語が頻繁に用いられるようになる。中井は、「言語活動」という言葉をタイトルに掲げた論考を発表していないが、「言語活動」という用語の多用される論考、および内容的に関連する論考が存在する。本稿ではそれらを中井の言語活動論と呼んでいる。

さて「言語」から「言語活動」への用語法の変化にはいかなる背景があるのだろうか。まず、「発言型態と聴取型態並にその芸術的展望」が発表される約一年前に、バイイとセシュエによって編集された『一般言語学講義』第二版（一九二二年）の邦訳が『言語学原論』という名称で出版されたことを想起する必要がある。[13]「第一版編者の序」でバイイとセシュエは、ソシュールの講義を聴講していた学生の筆記を照らし合わせても一致する点が絶無に近かったことを失望しつつ、第三回講義に「土台」をおいて「一種の再建、総合」を試みると述べている。「訳者の序」では小林英夫がソシュール理論を解説している。「ソッスュールに於いて、最も本質的なことは『言語《ラング》』と『言語活動《ランガージュ》』との識別である。その会得はソッスュールを理解する上のキーである。言語活動それ自らは一科学の対象たり得ない。それは多質的であるから。然るに言語は言語活動の社会的側面であり、等質的である。その個人的側面を『言《パロール》』と云ふ」。言語と言語活動について、本文では次のように述べられている。「所で言語とは何か。余に従へば**言語** langue と**言語活動** langage とは別物である。言語は決定されたる部分であり、本質的なる部分である。言語活動能力の社会的所産であり、同時にその能力の行使《エギゼルスイス》を個人に許すべく社会団体《コンミユノーテ・ソシヤル》が採用したる、必要なる制約《コンヴンシオン》の総体である。言語活動は、全体として観ると、多様《ミユルテイフォルム》であり混質である」[14]。

この『言語学原論』刊行の約一年後、中井は「ソッシユールが言語と言語活動を区別せしこと」に言及しながら、「言語活動」という言葉を用いたわけである。ここで、ソシュール、バイイ、小林英夫、中井正一の用語法の交錯を詳細に検討することはあまりに深入りすることになろう。問題になるのは『言語学原論』の翻訳や小林英夫による解釈だけではない。『一般言語学講義』編纂の問題、そして第一回から第三回講義における相違、出席者間のノートの異同、さらに一九九六年に発見されたソシュールの草稿も考慮しなければならない[15]。ここではソシュール研究

---

(13)『言語学原論』は一九二八年一月十五日発行と奥付にあるが、一二月二五日前後に製本された書物を手にしたと小林英夫は述べている。彼によれば、「世界における最初の翻訳」であった。

(14) ソシュール、小林英夫訳『言語学原論』岡書院、一九二八年、二二頁。

(15)『一般言語学講義』がソシュールに忠実ではなかったこと、ゴデルの原資料やエングラーの校訂版についても今日ではよく知られているが、近年、新たな新資料が発見されている。最終講義に出席していた学生の一人、M・L・ゴーチエによると、一九一一年五月六日、出版用に準備していた一般言語学に関する原稿を紛失した旨、ソシュールから告白された点は従来から知られていた。そのソシュールの手稿が一九九六年に発見さ

の問いに向うのではなく、中井がいかに「言語活動」という言葉を用いたのかを確認する。[16] その手がかりは、先の引用文で中井が提示した対比、すなわち「言葉の Postmortem」としての文法と「その生けるすがたである言語活動」という対比である。[17] 言語活動に関わるものとして、中井は「発言」と「聴取」に言及する。「ソッシユールの言語活動への関心は、……能動的発言作用と所動的聴取作用に重心を置いてゐる。これは言語の型態の一つの軸、或は一つの方向の設立として興味深い」[18]。

『言語学原論』の第三章第二節「言語活動事実中に於ける言語の位置」には、三つの図が含まれる。第一に、相対する二人の人物（甲と乙）の図、第二に、発音と聴取[19]、概念と聴覚映像に関する図、第三に、能動的な発音と所動的な聴取に関する図である。第三の図に関しては、凡例に「訳者の老婆心」からと補足説明があり、一九七二年以降の改版『一般言語学講義』（岩波書店）では削除される。中井の注目した「能動的発言作用と所動的聴取作用」に関連する本文は次のようなものである。「能動的《アクテイフ》部分と所動的《パツスイフ》部分。言主の一人の連合中枢から他の言主の耳へと行くものは凡て能動的であり、後者の耳からその連合中枢へ行くものは凡て所動的である」[20]。

中井はソシュールを読み、論文中で類似した用語を使った。しかし、ソシュールとの関係は、慎重に判断すべきものであろう。[21] 第一に、「言語活動」という言葉を用いる際、中井は、ソシュールの議論を詳細に追うのではなく、フンボルトやライナッハ、ハイデガーなど複数の人物を論じている。[22] 中井は、「言語活動」という言葉を、独自の文脈に配置している（「意味の拡延方向並に

れた。それらは、ジュネーブ公共大学図書館に預けられた後、書物として刊行された (Saussure, Écrits de linguistique générale, texte établi et édité par S.Bouquet et R. Engler, Gallimard, 2002.)

(16) 中井自身が目を通す機会のなかったコンスタンタンによる第三回一般言語学講義ノートにおいても、「社会的産物」としての言語と「絶えざる行為」としての言語活動が区別されているが、言語は「結局のところ言語活動の一部にすぎません」とも述べられている。

(17) ここでは、言語と言語活動の「絶え間のない相互性」(réciprocité permanente) については述べられていない。ソシュールの草稿によると、言語活動は、言語の実践であると同時に、絶えず言語を生み出すものである (ibid :129)。

(18) 中井正一「発言型態と聴取型態並にその芸術的展望」『哲学研究』第一五五号(一九二九年二月号)、一三九頁。

(19) コンスタンタンによる第三回一般言語学講義ノートの邦訳は二つ存在しているが(相原奈津江・秋津伶訳、および影浦峡・田中久美子訳)、双方において、図に対応する箇所の訳語は「発声」と「聴覚」である。なお、相原奈津江・秋津伶訳では、「言語活動」ではなく、「言葉《ランガージュ》」という訳語が採られている。

(20) ソシュール、小林英夫訳『言語学原論』岡書院、一九二八年、二八頁。

(21) 「春のコンティニュイティー」(一九三一年)で中井は、ゴシック体を多用し(「**映画語**《キノザッツ》」、「**映画音**《キノトーン》」等)、「記号の複合」という言葉を用いた。しかし、記号には独語を想起させるルビが振られている(「記号《ツァイヘン》」)。『一般言語学講義』の独語訳は一九三一年に刊行されたが、末尾に「一九三一、二、十四」と記された「春のコンティニュイティー」執筆の際、中井が独語訳を参照できたかは不明である。なお、中井が「ノエマティッシユ」と書いているのは興味深い。

その悲劇性」では、あえてバイイの名を挙げて「言語の持つ社会的拘束」に言及した箇所もある）。第二に、中井は「発音」ではなく、「発言」という言葉を採用した。能動的な発音と所動的な聴取に関する、訳者の図は、二七頁の上半分以上を占める大きな図であり、「発音」の文字に気がつかないことは困難である。中井が「発言」と聴取を対比させたのは意図的選択であろう。第三に、言語活動論で用いられた用語は、一九三六年の「委員会の論理」では変化を被る。まず、「言語活動」という言葉は多用されていない。「委員会の論理」では、ソシュールへの言及はなく、「発言」と「聴取」は「**云う**立場」と「**聴く**立場」に言い換えられているのである。

「発言型態と聴取型態並にその芸術的展望」で、ソシュールよりも頻繁に中井が言及しているのは、現象学者のA・ライナッハ（一八八三－一九一七）である。中井が彼を論じた点については、従来の中井研究でも扱われてきた。しかし、同時代の日本における、ライナッハ関連文献の出版状況については注目されてこなかったと思われる。文献目録[23]によると、一九二八年において、ライナッハの『現象学に就て』（「哲学論叢2」）の邦訳が出版されていた。この年には、さらに、尾高朝雄の論文「法律の社会的構造[24]」が発表されていた。この一九二八年は、先に述べたヴィンデルバントの『否定判断論』（「哲学論叢4」）の邦訳が刊行された年でもある。『現象学に就て』と『否定判断論』双方の奥付には、「昭和三年十一月二十日　第一刷発行」と書かれている。中井が「発言型態と聴取型態並にその芸術的展望」を発表したのは、『哲学研究』の一九二九年二月号である。この論文で、中井は、ライナッハの翻訳されざる論考を、ヴィンデルバントの否定判断論と関連付けて論じた。この仕事は、当時における最新の出版状況に伍するものであったといえよう。

もっとも、ライナッハ研究者からすれば、これらの事情はドイツから遠く離れた日本における受容の歴史の一頁に過ぎず、中井の論考は二次文献であるのかもしれない。筆者が中井と同時代の出版状況等に注目したのは、あくまでも中井研究の立場からである。このような同時代の文脈は、学説史の対象となりうる。しかし、それ自体が研究のアクチュアリティを保証するわけではない。このように考えると、中井以降におけるライナッハ研究の動向を無視すべきではないよう

(22) 言葉はエルゴン（作品）ではなくエネルゲイア（活動）であると述べたフンボルトについて、中井は「最も早く言語活動に注意を向けし人」であると述べていた。近年では、ユルゲン・トラバントによる『フンボルトの言語思想』の邦訳や、村岡晋一によるフンボルトの対話的言語論の紹介などもある。本稿では、中井におけるフンボルト受容についてはあえて詳しく扱わなかった。

(23) Smith, B., "Adolf Reinach: An Annotated Bibliography," in K. Mulligan (ed.), *Speech Act and Sachverhalt: Reinach and the Foundations of Realist Phenomenology*, Martinus Nijhoff Publishers, 1987.

(24) 東京大学教授であった尾高の歿後に刊行された著作（尾高朝雄『法律の社会的構造』勁草書房、一九五七年）に同名の論文が収められている。彼は、ライナッハが「約束」を単なる「社会的作用」としているのは「正当でない」と述べる。約束は単に、相手方の了解を求める、自発的な社会的作用にとどまらず、「かかる社会的作用が現実に表現され理解され応諾されて初めて成立する社会関係」だというのである（同書、一九四頁）。

に思われる。

　では、現代に目を転ずるなら、どのような視界が開けるのであろうか。一九一七年にこの世を去ったライナッハの文献は、一九八〇年代以降になると、オースティンやサールの言語行為論との関連から論じられるようになっている[25]。九〇年代以降、日本においても「言語行為の現象学」としてライナッハを位置づけた榊原の論考が発表されており[26]、そのエッセンスを凝縮したライナッハの解説[27]が『現象学事典』に収録されるに至る。また、管見によれば、フランスでもライナッハへの関心が再び高まっている。文献目録[28]によれば、一九六〇年代から一九七〇年代にかけて、フランスではライナッハに関する多くの論考が発表されていた[29]。注目されるのは、二〇〇四年に「民法のアプリオリな基礎」の仏語訳が単著として出版されたことである[30]。翌年には『哲学的研究』（二月号）が「アドルフ・ライナッハ：ランガージュの哲学、法、存在論」という特集を組み[31]、同年六月には、この「民法のアプリオリな基礎」を扱った国際コロックがソルボンヌで開催される。その発表原稿が加筆修正等をへた論文集として刊行されたのは二〇〇八年のことである[32]。

　本稿は、もとよりライナッハ研究を一次的課題とするものではない。新全集の刊行やカール・

（25）Smith, B.(ed.), *Parts and Moments :Studies in Logic and Formal Ontology*, Philosophia Verlag, 1982. Mulligan, K.(ed.), *Speech Act and Sachverhalt: Reinach and the Foundations of Realist Phenomenology*, Martinus Nijhoff Publishers,1987.

Burkhardt, A.(ed.), *Speech Acts, Meaning and Intentions : Critical Approaches to the Philosophy of John R. Searle*, Walter de Gruyter, 1990. Schuhmann, K., "Brentano's impact on twentieth-century philosophy," in D. Jacquette (ed.), *The Cambridge Companion to BRENTANO*, Cambridge University Press, 2004, pp.277-297.

（26）論文「言語行為と現象学――A・ライナッハを手がかりにして」の冒頭で、榊原は、カール・シューマンの指摘を紹介している。「この言語行為論の考え方が、実はこれとは独立に、『すでにオースティンよりも約半世紀も前に』『ミュンヘン現象学派の内部で』『統合的に提示されていた』ことも、近年の研究によって明らかになりつつある。すなわち、カール・シューマンによれば、『大雑把に見て、先の世紀の変わり目と第一次世界大戦との間の十年間の連続的な研究の中で』、『ヨハネス・ダウベルト』『アレクサンダー・プフェンダー』『アドルフ・ライナッハ』らによって、『言語行為の理論が一歩一歩築き上げられていたのであり、この理論は、オースティンによって得られた諸成果に、原理的な諸点では到達しており、部分的にはこれを凌駕してもいる』とされるのである」（榊原哲也「言語行為と現象学――A・ライナッハを手がかりにして」、東京大学文学部哲学研究室編『論集』X、一九九二年、八七頁）。

（27）榊原哲也、「ライナッハ」、木田元、野家啓一他編『現象学事典』弘文堂、一九九四年、五九三－五九五頁。

（28）Ponsard, R., "Note bibliographique," in J. Benoist and J.-F. Kervégan (dir.), *Adolf Reinach, entre droit et phénoménologie*, CNRS Éditions. 2008, pp.199-204.

（29）Ponsard の文献目録には、一九九九年の *Philosophie* 誌「現象学とは何か」の仏語訳について記されている。しかし、一九九九年の Philosophie 誌数巻にあたったが、この翻訳については確認できなかった。

（30）Reinach, A., *Die apriorischen Grundlagen des Bürgerlichen Rechtes*, Philosophia Verlag GmgH, 1989 [1913], French trans. by Ronan de Calan, *Les fondements a priori du droit civil*, Vrin, 2004.

（31）Benoist, J.(dir.) « Adolf Reinach : philosophie du langage, droit, ontologie », *Les Études philosophiques*, février 2005.

（32）Benoist, J. et Kervégan, J.-F.(dir.), *Adolf Reinach, entre droit et phénoménologie*, CNRS Éditions, 2008.

シューマンによる再評価の動向に言及し、ライナッハを再読した日本の研究業績としては、榊原論文[33]などを参照していただきたい。筆者におけるライナッハへの関心は、あくまでも彼に言及した中井を起点として生じたものである。残念なことに、ライナッハに関する榊原論文には、中井への明示的な言及はみられない。他方、中井に言及した論文には、近年のライナッハ研究に言及した先駆的な事例がある[34]。和辻哲郎と中井正一の比較を中心的な課題とする論考において畑中は、第一に、中井がライナッハによる主張／確信という判断の二区分を援用したと本文中で指摘する。思ったことと他人に向けて口にしたこととの違いを認識することは、言語行為論などディスクールの言語学の問題構成に重なると彼は述べる[35]。第二に彼は、「他人に対するディスクールとして実現しているか否かによって『判断』を二つに区分すること」は、オースティンの行為遂行的発言／事実確認的発言という区別に重なるという見方を注の中で示している[36]。

この先駆的な指摘に対して、三つの点を補足したい。まず、第一に、中井は、ライナッハの区分を援用しただけではなく、その区別の「解体」についても述べていた。この点については、後に検討することになろう。第二の点はやや複雑である。注で述べられた「他人に対するディスクールとして実現しているか否かによって『判断』を二つに区分すること」は、主張／確認という区別の言い換えとして読まれる可能性がある。主張は他人に対するディスクールであり、確認は他人に対するディスクールではない、と。しかし、榊原論文によれば、「民法のアプリオリな基礎」におけるライナッハは、「主張としての判断」を、必ずしも他者に向うものと位置づけているわけではなく、それを「事実確認する行為」と捉えているという。[37]ライナッハ自身がいうように、「主張は、他の受け手なしに、自分自身に向けて語られうる」[38]。「自分自身への主張は未だ内在的である」という中井の言葉も、主張が自分自身に向けられる点に言及している。第三に、行為遂行的発言／事実確認的発言という区別に対して、オースティン自身が懐疑的になったことも考慮すべきである。

本稿の一次的な課題は、ライナッハ論やオースティン論ではない。中井における言語活動論が

（33）榊原哲也「言語行為と現象学――A・ライナッハを手がかりにして」、東京大学文学部哲学研究室編『論集』X、一九九二年。

（34）畑中健二「中井正一と和辻哲郎と『主体』」、文学・思想懇話会編『近代の夢と知性　文学・思想の昭和一〇年前後（1925～1945）』翰林書房、二〇〇〇年、二八－四三頁。なお、筆者がライナッハの重要性に気がついたのは、榊原の論考がきっかけである。榊原哲也、「ライナッハ」、木田元、野家啓一他編『現象学事典』弘文堂、一九九四年、五九三－五九五頁。

（35）畑中、前掲書、四〇頁。

（36）同書、四三頁。

（37）榊原哲也「言語行為と現象学――A・ライナッハを手がかりにして」、東京大学文学部哲学研究室編『論集』X、一九九二年、九七頁。

（38）Reinach, A., *Die apriorischen Grundlagen des Bürgerlichen Rechtes*, Philosophia Verlag GmgH, 1989 [1913], French trans. by Ronan de Calan, *Les fondements a priori du droit civil*, Vrin, 2004, p.62.

主たる考察の対象であり、その関連でライナッハが召喚されるのである。ただし、中井研究の文脈において、ライナッハをいかに読むか、さらには近年のライナッハ研究をどのように参照すべきかという問題は、慎重に考慮すべきものである。今日、中井の言語活動論を再読するのであれば、ライナッハの諸論考、及びそれらのテクストがおかれた新たなコンテクストを黙殺すべきであるのだろうか。果たしてこうした専門領域への閉塞が、中井研究において肯定的な意味を持ちうるのかということが問われてもよいはずである。他方、新たな傾向を中井研究に安易に適用することが問題含みであることは言うまでもない。本稿は、これらの二者択一を回避しながら、中井による言語活動論を再読する試みである。本稿のタイトルを、「中井正一の言語活動論をいかに読むか」という問いに留めた所以であるが、ここでいくつか気のついた点を記しておく。

第一に、翻訳を通じてとはいえ、ライナッハを読むことは、中井の言語活動論を理解する手がかりとなる。中井の文章には、ライナッハの議論を要約している箇所があり、ライナッハのテクストを読むことが中井の論考を理解することに寄与する可能性があるからである。第二に、このことは、時に、中井のテクストの綻びを、また、それを論じたテクストの綻びを照射する危険性に転化することであろう。第三に、そもそも、中井を研究する者にとって重要なのは、中井がライナッハを援用し、いかに理解したかという点というよりむしろ、中井がいかなる批判を行い、何を付け加えたかという点になるであろう。その前提となるライナッハ理解が、ライナッハ研究の解釈と異なるのだとすれば、強調すべきは、ライナッハに触発されながら中井がいかなる思考を紡ぎだしたのかという点になるはずである。第四に、中井の言語活動論を再読する作業が、中井研究でいかなる可能性をもち限界を有するかを問うことも必要と思われる。では次に、中井による言語活動論を再読することにしよう。

三　否定判断論と言語活動論、歴史的回顧の関連

「発言型態と聴取型態並にその芸術的展望」で中井は、まず、従来の否定判断論を整理している。彼が注目する否定判断論は三つの方向に分かたれる。第一は、シグワルトにおける「二重判断論」である。肯定判断の拒否であるという意味において否定を第二の判断と考える議論である。この場合、否定は表象結合の上においてのみ問題となる。第二は、ヴィンデルバントにおける「否定評価論」である。否定は、価値の上で問われたものの「答え」として問題となる。「この薔薇は白い」という判断の場合、先行する問いなしに肯定できる。他方、「この薔薇は赤くない」という判断の場合、まず、出来上がった知覚に赤なる表象が付加して「この薔薇は赤いだろうか」という「問い」が作られる。その後、この問いが追加的に評価され否定がなされると考えるのである。まず、問いがあり、次に問いに対する「評価的回答」が生じる。すなわち、二次的評価として否定判断が生じると考える議論である。第三は、ブレンターノの否定衝動論である。彼は、「心的作用」を、「表象」「判断」「愛憎の現象」という三つの分野に分かつ。表象においては何かあるものが表象され

ており、判断に於いては何かあることが是認ないし否認されている。そして、欲求においては何かあるものが欲求されるのである。

中井によれば、これらシグワルト、ヴィンデルバント、ブレンターノの否定論は、意識層における議論にとどまっている。これに対して、ライナッハは、判断の領域を確信 Überzeugung と主張 Behauptung の領域に分かつ。中井はこれを論文「言語」における議論と重ね合わせ、内なる言葉としての確信、さらに、外なる言葉としての主張と補足説明をしている。主張と確信の区別を導入することにより、従来の否定論とは異なり、個人意識のみならず、個人間の対話における否定判断を論じることが可能になる。ライナッハ以前の否定論も、「否定」が二重性をもち、問いと回答を含むことを指摘した点で興味深いのであるが、それは個人意識の枠組み内部で展開されたものであった。これに対して、ライナッハの否定論は社会層に迫る意識層を問題にしていると中井は評価している。以下、中井によるライナッハ論をみていきたい。

まず、是認の問題がある。ヴィンデルバントにおいて Billigung といわれ、ブレンターノで Anerkennung と呼ばれるものには、混同があり、同意的是認と判断的是認に区別しうることが指摘される。同意的是認は、判断的是認を是認することである。この同意的是認は主張の領域における是認である。「委員会の論理」で中井が述べるように、主張に対しては、判断的是認の是認であるところの同意的是認が必要となるからである。そして判断的是認は確信の領域における是認であるとされる。

確信と主張の区分には、さらなる区分が施される。まず、主張には、単純な主張と論争をめざす主張がある。[39] とりわけ、論争は「對手の承認の要求」をもち、[40] 対手の確信にまで連続する。意識側の主張と確信の領域にそれぞれ肯定と否定があり、また、対象側の事態にも肯定的なものと否定的なものがある。

意識側
- 主張（肯定　否定）
- 確信（肯定　否定）

客観側事態（肯定　否定）

ライナッハが「否定判断の理論について」の後半で行った錯綜した議論を、中井は先のような簡明な図にまとめている。そして、六つの要素をもつ八つの組合せの各々を検討することは深入りし過ぎであるとして、中井にとって重要な課題を提示する。すなわち、過去の否定論に対して、主張と確信の領域における否定性はいかなる関係をもつか、また、それが言語活動と論理の関係

(39)「委員会の論理」では、この区別は用いられておらず、単なる「主張」というタームが使用されている。

(40)「対手」とは、『広辞苑』によれば、戦う相手や敵手を意味する。中井正一全集では、「對手」が「相手」と書き換えられているため、アゴニスティックなニュアンスが減じられている。

にいかなる関係をもっているかの検討である。

「発言型態と聴取型態並にその芸術的展望」でライナッハの抽象的な議論を紹介した後、中井は突然、「歴史的回顧」に関する文章を挿入している。そこでは「外なる言葉」としての哲学的問答法より「内なる言葉」としてのディアレクティクへの転生が再び論じられる。それは論文「言語」における議論の一部を要約したものである。一見、唐突に思える文章が一段落続いた後、中井は関連づけの理由を説明する。従来、一般的な解釈は、ギリシア的な意味での「思想交換の会話」としての哲学的問答法における否定の意味についてあまりにも無関心であったという。これに対して、判断を主張と確信の領域に区別した点で、ライナッハが言語活動との関連から思惟を顧みたことは評価しうるが、シグワルト以後、ヴィンデルバント、ブレンターノの三つの否定論に目を向けているのみである。おそらく中井は、ブチャーに由来する歴史的回顧とライナッハの議論を関連づけることが「私達に残されたる問題」と考えていたのであろう(41)。

その後、中井は、社会層に迫っているライナッハの議論を評価する一方、「意識層」に留まる否定論を改変する。まず、否定は肯定判断の拒否であり、第二の判断だとする議論は、言語活動との関連で修正される。否定はもはや一人の意識における肯定判断の拒否だけを意味しない。一人の人間の判断的表現としての主張が、他の人の判断的意識の上で拒否され、それが表現されることをも包含するようになる。肯定判断の拒否としての否定は「二つの層に於ける二重性」に拡張されたのである。次に、問いに対する「評価的回答」として否定を捉える議論に関しては、意識のなかで評価が中止され、問いとなり、否定が現れる過程が、人と人との社会的会話の構造と相似していると指摘される。

四　中井正一の言語活動論

論文の後半、中井はライナッハの議論の紹介から離れる。中井はライナッハを論じているのだが、時に批判を行いながら、次第に自分の議論を展開するかのようである。中井には、「言語」という論文はあれども、「言語活動論」をタイトルとする論考は存在しない。しかし、ライナッハを論じることで中井が紡ぎだす議論は、言語活動論の萌芽のように思われる。しかも、それは「委員会の論理」の理論的前提となるものである。

自らの議論を展開する際、中井は、ライナッハの「社会的作用」の概念に言及する。[42] ある「事態」に対して確信をもち、それを主張に転化することは一つの自我でも可能であるが、他者の「同意」

(41) 中井正一「発言型態と聴取型態並にその芸術的展望」『哲学研究』第一五五号（一九二九年二月号）、一四六頁。

(42) ライナッハの原書では、Die sozialen Akte と題された節で詳述される。なお、H・スピーゲルバーグの『現象学運動〔上〕』邦訳にライナッハに関する記述があるが、そこでは「社会的行為の理論」というタイトルがつけられている。H・スピーゲルバーグ、立松弘孝監訳『現象学運動〔上〕』世界書院、一九八六年、二三七頁。

を得ることは不可能である。他人の了解や同意を要求することは、「社会的関係領域」に属している。他人に対する「了解の要求」は、「社会的作用」の顕著な特質である。中井の理解によれば、ライナッハは主張と確信を社会的領域にまで「肉迫せしめ」た。しかし、社会的領域である「同意」の現象と混同させないために注意をはらわなければならず、結局、「主張判断と確信判断を同一主観領域に閉じこめ」なければならなくなったという。ことに否定判断の問題において、関係主観の異なる領域における判断の関係に目を閉ざすことは、寂しいと中井はいう。

中井によるライナッハ批判が妥当なものであるか否かについては、ここで検討する余裕はない。注目したいのは、ライナッハにおける主張と確信を論じた後、中井が確信を言語活動のなかで捉え直し、「二つの方向」に分割した点である。一方には、「主張」の根底にあって他人に同意を求める際の確信、すなわち「出発点としての確信」がある。他方には、他人の主張に無関心だった聴取者がそれを了解する際に生じる確信、すなわち「帰着点としての確信」がある。つまり、同意を求める際の確信と了解する際の確信が峻別されているのである。ソシュールに触発されて中井が案出した「発言」と「聴取」という概念対を、「確信」と「主張」に関するライナッハの議論と関連付けたのである[43]。なお、能動的発言と受動的聴取という軸は、被投と投企の軸に通じるものである。

留意すべき点は、この論考で中井がライナッハの「社会的作用」に言及したことである。時に「社会的行為」とも訳されるこの概念は、ライナッハを再評価する際に注目されるため説明が必要であろう。ライナッハにおける「社会的作用」は、「自発的」で他者によって知覚されること（ないし聞き届けられること）を必要とする作用である。[44]「決定する」、「判断する」、そして「許す」ことでさえ、他人と差し向かいで表現されることなく心中でも内的に生じうる。この場合、表現は副次的なものである。これとは対照的に、「社会的作用」が遂行されうるのは、明示的な発言があり、それが別の人物によって理解されるような場合である。[45]例えば、「伝達」は、他者との関係に内在しており、内容を知らせるために他者に語ることが本質である。

ライナッハは、一方では、伝達の機能を欠いた「体験」と「社会的作用」を区別しているが、他方では、そうした「社会的作用」が、「内的体験」を前提としている点に注意を喚起する。例えば、「主張」は、その内容に関わる確信を前提とする。「問い」は、この種の確信と両立しないものであり、むしろ語られた内容についての不確実性を狙っている。さらに、「依頼」は、要求が実現されるという願望を前提とする。「命令」は、単純な願望とは異なり、求められたことを受け手

（43）ライナッハも二つの確信に気づいていたが、その厳密なる区別と、その過程については触れることをしなかったと中井は考えていた。なお、機能概念受容により中井は固定された形而上学的区別を批判することがある。

（44）Reinach, op.cit. p.60.

（45）Schuhmann, K., "Brentano's impact on twentieth-century philosophy," in D. Jacquette (ed.), *The Cambridge Companion to BRENTANO*, Cambridge University Press, 2004, p.291.

が実現するという意志を基礎としている。もし、内的な体験が欠けている場合は、見せかけの質問や依頼、命令、主張などといった擬似的作用となる。ライナッハの議論には、真の確信を欠いた見せかけの主張としての虚言に関する議論が含まれているのである。(46)

榊原によると、ライナッハにおける社会的作用は、「話すこと自体のうちで遂行される」ため、「行為遂行的」な性格をもっており、オースティン的な意味での言語行為であるという。この「社会的作用」は三種類に分類される。第一に、「伝達」のように、聞き届けられることで完結するもの。第二に、「答えること」のように、別の社会的作用を前提とするもの。第三は、命令や依頼や「問うこと」のように、別の行動や応答する行為を要求するものである。(47)これ以外にも、社会的作用は変様を被る。社会的作用は、多くの者によって一緒に遂行されるかもしれず（AはBとCと一緒に命令する等）、集団に対して語られるかもしれない（D、E、Fは一緒にテーブルを持ち去らねばならない）。また、誰かが社会的作用を独断で、代理人によって遂行するかもしれない。さらに、社会的作用は真の受け手を代理するものに語られるかもしれない。(48)

「社会的作用」の概念は、ライナッハを言語行為論との関連で再読する際の焦点の一つとなっている。しかし、「社会的作用」に言及したからといって、ライナッハの場合と同様に、中井のテクストを再読できるのであろうか。「社会的作用」への言及は微々たるものにすぎない。しかも、「了解の要求を、凡ての社会的作用の絶対的な本質であると見る」という点に着目する一方、社会的作用の条件としての「自発性」に彼は言及していない。ここでは中井における「社会的作用」概念ではなく、他の議論に光をあててみたい。興味深いのは、中井が論争をめざす〈主張〉に言及し、それが「對手の承認の要求」を持つと述べたことである。第一に、「論争」は、ある命題を主張しつつ、対手の承認を要求する言語活動と考えられる。第二に、個人内の意識にせよ、個人間の対話にせよ、中井は、否定のなかに「問い」と評価的回答を見出す。論文「言語」でも提示されていた「問い」という言葉は注目に値する。第三は、主張と確信の二分法を中井が批判した点である。「発言型態と聴取型態並にその芸術的展望」の冒頭で中井は、ライナッハの議論を援用しつつ、外なる言葉としての主張、そして内なる言葉としての確信について図式的に論じていた。ところが、論文の末尾において中井は、「主張と確信の二つの領域はその解体を要求されはじめる」と述べ、両者の区別を脆弱にしてしまう。その理由は「内なる聴取者」に関連する。中井は発言者のなかに聴取者を見出すのである。ある命題について発言する時、他人は判断を留保しながら、肯定でも否定でもない無関心の状態でそれを聴く。それればかりではない。発言者の内なる聴取者もまた、判断中止の無関心な状態で、その発言を聴いているかもしれないのである。内なる聴取者に対する主張も可能だと考えるのであれば、内なる言葉としての確信、外なる言葉

(46) Reinach, op.cit. p.63.
(47) 榊原哲也「ライナッハ」、木田元、野家啓一他編『現象学事典』弘文堂、一九九四年。
(48) Schuhmann, op.cit., p.292.

としての主張という区別は脆弱なものとなる。

本稿では、論文「言語」から「発言型態と聴取型態並にその芸術的展望」に至る過程を中心に辿ってきた。後者において、中井は「言語活動」という言葉を多用するようになったものの、「委員会の論理」になると更なる用語法の変化が生じていた点は述べた通りである。もっとも、「発言型態と聴取型態並にその芸術的展望」で展開された議論それ自体が忘却されたわけではない。むしろそれは「委員会の論理」の前提となっている。論文「言語」から「発言型態と聴取型態並にその芸術的展望」は、内容的には、「委員会の論理」上篇と中篇に対応する。そして言語活動の歴史的回顧と哲学的考察の結合は、「発言型態と聴取型態並にその芸術的展望」で試みられた後、「委員会の論理」（上、及び中）で再び試みられ、論考の構成それ自体を規定している。中井の言語活動論は過渡期の議論であったが、「委員会の論理」を準備するものでもあったのである。中井言語活動論から「委員会の論理」に至る過程では、本稿では言及できなかった種々の変化が生じている。しかし、その詳細な検討には稿を改める必要があろう。

第五章　中井正一と概念の問題

一　はじめに

一九三〇年、美学者中井正一は二編の「機能概念の美学への寄与」を発表する。この論考において中井は、『実体概念と関数概念』（一九一〇年）におけるカッシーラーの議論を前提としつつ、「機能概念」を導入し、独自の仕方で美学上の諸問題に応用した。中井における機能概念の問題系は、筆者が長期的に論じてきた主題である。中井は、従来の概念形成論を論難したのち、機能概念を導入した。これまで筆者は、中井の機能概念に、関係論的思考や固定的な二分法への批判、さらには相互転換の論理が見出だせる点を論じてきた[1]。中井が機能概念を導入したのは、実体概

（1）拙稿「中井正一再考――集団的思惟の機構について」『県立長崎シーボルト大学国際情報学部紀要』第三号、二〇〇二年、一三七―一四六頁。

念を前提とする伝統的な概念形成の理論が問題を孕んでいたと彼が考えたからである。機能概念導入の前提として中井によってなされた伝統的な概念形成理論への批判は、私見では、カントを念頭に置いてなされたものと思われる。

以下では、まず、概念に関わる問題に着目しながら中井による議論の背景を辿る。彼が機能概念の導入やその応用を試みた一九三〇年代の諸論考を熟読すれば、概ねの論点をつかむことは可能である。しかし、既に彼が消化してしまい、明示的に言及しない理論家が時として重要となる。このような事情を考慮し、本稿では、機能概念導入の前後も考慮する。最初期の中井は、カントの第三批判を研究していた。概念は、判断力をめぐる議論における諸前提の一部をなすことから、中井における機能概念導入は、最初期の中井の論考「カント第三批判序文前稿について」(一九二七年)と部分的に異なる方向性を打ち出そうとしたものと推察される。新機軸の模索は、機能概念の導入だけではない。機能概念導入前後における中井の論考には、ヘーゲルやハイデガー、そしてマルクスらに由来する用語が散見される。一九三六年の「委員会の論理」[2]に至っては、機能概念が相対化されるのみならず、概念論が社会的広がりのなかで論じられるようになる。本稿は、初期中井における概念形成論の問題の導入と転換、発展を追うことにより、中井の「委員会の論理」に概念論[3]との関連から光を照射する試みである。単純化された記述となることを回避するために、顕著な変化のみならず、より潜在的な探究をも考慮する。

以下では、第一に、最初期の中井がカントについて論じたことを確認する。これは、中井の機能概念論を読むための準備的作業である。第二は、機能概念導入期の考察である。当時の中井は、カントの継承というよりむしろ、部分的には、それを乗り越える議論を模索していたような観がある。ただし、最初期の問題系は目立たない形で継続的に発展させられている。また、晩年の中井が再びカントを論じたことも忘却すべきではない。第三は、機能概念導入と美学への応用を果たした中井が、機能概念の技術への応用を積極的に行う一方、機能概念の抽象性を批判する時期の考察である。「委員会の論理」（一九三六年）で中井は、資本主義社会における概念のあり方を論じる。カント第三批判序文前稿を論じた時期と比較すれば、概念は社会的な側面から論じられている。以下では、中井における概念論の問題系を浮彫にするとともに、「委員会の論理」に新たな光を照射することにしたい。

（2）「委員会の論理」（一九三六年）は、上、中、下に分割されて発表され、当初は、サブタイトル（「一つの草稿として」）が付されていた。本稿では、タイトルを略記することがある。なお、この論考が掲載された『世界文化』の三冊の復刻版は、一九七五年に小学館より刊行された。

（3）「概念形成論」ではやや語義が限定されるため、「概念論」と表記することがある。本稿では中井正一における概念論に関して用いる。

二　諸前提

二・一　機能概念の導入まで――最初期の中井正一

フォルケルトの悲劇論や三木のパスカル論に対する書評を発表した後、中井正一は、一九二七年に「カント第三批判序文前稿について」（『哲学研究』七月号）を発表する。カントによるこの「前稿」は、今日、「判断力批判への第一序論」として知られている。長過ぎた第一序論は、カント自身によって廃棄され、その後に書かれた序論が『判断力批判』に組み込まれる（以下、第二序論とする）。第一序論に関しては、従来、ベックによって圧縮されたヴァージョンが知られてきた。しかし、オットー・ビュークの編集した、カッシーラー版カント全集に「判断力批判への第一序論」全文が掲載される。後者については、田辺元『カントの目的論』（一九二四年）でも言及されている。[4]「カント第三批判序文前稿について」で中井は、第一序論（「第三批判序文前稿」）を、ベック稿、さらには第二序論（「第三批判本序」）と比較しつつ、要点を整理した。中井が注目するのはベック稿で省略された第一序論の記述であり、技術や自然の技術（技巧）[5]である。「カント第三批判序文前稿について」で中井は、第一序論のⅡにおける概念と判断力の関係にも言及する。彼は詳述していないが、カントにおいて、普遍（規則）の認識能力である「悟性」は対象の概念を与え、普遍によって特殊的なものを規定する「理性」は対象の理念を与える。普遍によって特殊を包摂する「判断力」は、概念も理念も与えず、単に他から与えられた概念のもとに包摂する能力である。仮に判断力から概念ないし規則が生じる場合、自然が人間の判断力に従う限りにおける自然の概念でなければならない。このことは、判断力から発する概念としての自然の技巧に関連する。技術と自然の技巧が論じられるのは、第一序論のⅥとⅦである。自然は、あたかも技術に基づくかのように判定されることがある。中井の解釈によれば、技術は理論的と実践的

（4）田辺元『カントの目的論』岩波書店、一九二四年、六四頁。なお、カントの目的論の現代的解釈については、次を参照。佐藤康邦『カント『判断力批判』と現代――目的論の新たな可能性を求めて』岩波書店、二〇〇五年。日本カント協会編『カントの目的論』理想社、二〇〇二年。

（5）中井の「カント第三批判序文前稿について」では「自然の技術」であるが、「機能概念の美学への寄与」（『哲学研究』）では「自然の技巧」と表記されるようになる。以下、カントに即して説明する。それによれば、実行に関する命題は「技巧的命題」である。それは、人間が存在を欲するものを実現する「技術」に関連する。ただし、カントにおいて、技巧という表現は自然に対して用いられる。というのも、自然の対象が、あたかも技術に基づいているかのように、人間によって判定されることがあるからである。自然は、技術との類比によって、技巧的であると主観的に判定される〔カント、牧野英二訳「判断力批判への第一序論」、『カント全集9　判断力批判　下』岩波書店、二〇〇〇年、一九八－一九九頁〕。なお、カッシーラーのこなれた表現も引用しておく。「あたかも自然が或る造形的意志の表現であるかのように、見なす限りにおいて、自然の技巧が存在する」〔カッシーラー、門脇卓爾・高橋昭二・浜田義文監修『カントの生涯と学説』みすず書房、一九八六年、三二一五頁〕。

の中間概念であり、それは理論的でも実践的でもない判断として自然に関係する。それは芸術におけるような評価力を通して自然対象に接する仕方を意味し、自然の評価は主観的である。判断力は自己の法則のもとに「己自身を根拠づけ」ることによって、自然を技術的（技巧的）と称することができる。[6] 第一序論のⅦについて、中井は、認識能力の「三つの働き」に注目する。経験的概念に必要な認識能力の働きの第一は、直観の多様の把捉（「把握」）である。第二は、概念における「多様の意識的総合的統一」である。第三は、概念に相関する「対象の直観における描出」（「叙説」）である。構想力において多様なものが把捉され、それが悟性のある概念の描出と合致する場合、反省において、悟性と構想力は、互いの仕事を促進するために相互に合致する。対象は、「判断力に対して合目的的として知覚され」、この合目的性は、主観的とみなされる。[7] 中井は、第一序論における技術概念から目的論に移る「説明的価値」を極めて重視している。第二序論に関しては、Technik 概念が顧みられる機会が稀なものとなる一方、認識の三つの場所（Feld, Boden, Gebiet）が重視されることを中井は指摘する。カントによれば、対象に関係づけられた概念は自らの「分野」を持つ。この分野で「認識が可能となる部分」は概念と認識能力の「地域」と呼ばれる。この地域において「概念が立法的である部分」は「領域」と呼ばれる。[8] 中井は「認識の三つの場所」に関する「思想」を体系的組織化の「徹底」と見なした。

一九二七年に「カント第三批判序文前稿について」を『哲学研究』（七月号）に発表した後、中井は、言語や言語活動の研究に向かう。一九二七年の『哲学研究』（九月号）に掲載された「言語」（一

〜一二）では、言語の「概念的」意味のみならず、幼児の「意味なき言葉」や「言語の芸術的意味」も言及された。「言語」（一九二八年）[9]の五では、逆説的かつ急進的なロマン主義者、そして言語研究の勃興への言及がある。六ではヘーゲルにおける「絶対的否定としての創造力」が注目され、「内なるものと外なるもの、直接的なる統一」について述べられる。さらには、哲学的問答法としてのディアレクティケーからヘーゲルのディアレクティクへ、また、言われる言葉から書かれたる言葉、印刷されたる言葉に至る運命への注目がある。これらの主題の詰め込まれた論考が「カント第三批判序文前稿について」の次の論文として、同著者によって書かれているのである。一九二九年二月号の『哲学研究』に掲載された「発言形態と聴取形態ならびにその芸術的展望」では、判断が言語活動との関連から論じられている。主に参照されるのはライナッハの否定判断論であり、「外なる言葉としての『主張』」と「内なる言葉としての『確信』」という区別が論じられる。[10]しかし、論考の末尾では、確信の深底において沈黙する自我が見出だされるに至って主張と確信の区別は解体される。それとともに、ハイデガーの「問い」と「隔離 Entfremdung」の

（6）中井正一「カント第三批判序文前稿について」『哲学研究』第一三六号（一九二七年七月号）、七九頁。
（7）カント、前掲書、二二一頁。
（8）カント、牧野英二訳『カント全集8　判断力批判 上』岩波書店、一九九九年、一九頁。
（9）中井正一「言語」（三〜六）、『哲学研究』第一四五号（一九二八年四月号）。

意味に対する興味が示唆され、「未完」の論考は閉じられる。このように、「カント第三批判序文前稿について」を発表した後の中井は、探究の延長線上で新たな議論を展開していた。言語の研究、言語活動における判断、しかも否定判断の主題化。これらに加え、「言語」及び「発言形態と聴取形態ならびにその芸術的展望」双方の論考が、問いや自己内部の対話者等の主題に関連することも付言しておく。(11)

一九二七年の十一月に遡れば、中井の師であり、岩波版カント著作集『判断力批判』の翻訳予定者であった深田康算が永眠、中井は『深田康算全集』の編集と校正に従事することとなった。植田壽蔵の「後記」によれば、編集については植田自身が「多少の協力を捧げ得る幸が与へられた」ものの、それ以外は「殆ど中井正一氏の力に依る」ものであったという。校正メンバーには、中井正一のほか、徳永郁介、富岡益五郎等がいた。(12) 彼らは、後に理論的同人誌『美・批評』の同人となる。(13) 一九三〇年五月から十二月にかけて『深田康算全集』の第一巻から第三巻までが、一九三一年三月に第四巻が岩波書店より刊行される。第一巻には、刊行予定であった『判断力批判』の翻訳未定稿が収録されていた（緒言から第三二節まで）。

一九三〇年の『思想』（二月号）に掲載された、中井の「機械美の構造」には、既に「構成概念 Funktionsbegriff」という用語が見られ、後に機能概念と呼ばれるものの先駆的な例示が見られる。(14) 例えば、自動車は、速力、積載量、耐久性、価格など、諸要素の複合である。運搬の道具としての目的のみならず、視覚における「美的感覚」も論じられる。機能概念を表題に掲げた彼の論考が発表されるのはこの後である。まずは、『美・批評』の創刊号（一九三〇年九月号）に「機能概念の美学への寄与」が掲載される。論点の凝縮された短い論考で、巻頭に掲載された。その後、同じ表題を掲げた「機能概念の美学への寄与」が一九三〇年の『哲学研究』（十一月号）に掲載される。

このように、一九三〇年は、カッシーラーの関数概念を中井が「機能概念」として本格的に導入した年である。カント第三批判の研究からカッシーラーに触発された機能概念論へ。これは、確かに、顕著な変化ではある。しかし、一九三〇年に発表された「絵画の不安」で中井がハイデガーにしばしば言及しているように、この時期の彼は対極的な方向からの研究も行っている。ただし、機能概念導入期の中井が、以前の彼の研究を顧みなくなったわけではない。最初期の論考

(10) これらの論考については論じたことがある。拙稿「中井正一の言語活動論をいかに読むか」『長崎県立大学国際情報学部研究紀要』第九号、二〇〇八年、一一五―一二八頁。ソシュールにおける言語と「言語活動《ランガージュ》」、「発言」（発声）と「聴取」の区別やライナッハの否定判断論などを踏まえた議論である。

(11) 三木清「問の構造」は一九二六年九月と一九二七年一月の『哲学研究』に発表された（『三木清全集　第三巻』岩波書店、一九六六年所収）。

(12) 植田壽藏「後記」『深田康算全集　第一巻』岩波書店、一九三〇年。

(13) 山田宗睦「《日本の思想雑誌》『美・批評』、『世界文化』」、『思想』（一九六三年八月号）。

(14) 中井正一「機械美の構造」『思想』第九三号（一九三〇年二月号）、六八頁。

で扱われた問題は、やや潜在化するとはいえ、独自の仕方で展開され、時に機能概念的思考と関連づけられることもある。例えば、一九三〇年の諸論考、「機械美の構造」、「意味の拡延方向並にその悲劇性」、「機能概念の美学への寄与」（『哲学研究』）において自然の技巧（技術）が言及されている。さらに、「カントにおける Kritik と Doktrin の記録について」（『哲学研究』一八三号）が示すように、[15] 一九二七年の「カント第三批判序文前稿について」で論じた内容を、一九三〇年代初頭の中井は再考察している。この原稿は、戦後、中井自身によって改稿され、「カントにおける中間者としての構想力の記録」として一九四九年に発表される。この論考を考慮に入れると、中井は三編のカント論を記したことになる。それらは既に比較されており、従来の議論では、第二の論考から「媒介の論理」が取り出された。[16] 本稿の一次的課題は、中井のカント論の詳細な検討ではない。以下では、機能概念導入期の論考で潜在化した問題系をも考慮しつつ、一九三〇年代半ば頃までに発表された中井の論考を、概念論の文脈から再読したい。

二・二　概念形成の理論とその背景

一九三〇年の『美・批評』に掲載された「機能概念の美学への寄与」において中井は、アリストテレス的な形式論理学に対するカッシーラーの批判を検討している。中井は『哲学研究』十一月号にも、同じタイトルではあるが、より長い論考を発表している。ここでは、後者の「機能概念の美学への寄与」に依拠しながら、概念形成論とその問題について中井が展開した議論を確認する。それによれば、従来の形式論理学における概念形成の議論では、まず、無数の性質を有する個々独立した物の存在が仮定される。そして、これらの多くの性質から、多くの物に「共通な

(15)『中井正一全集1』には、一九三〇年六月号掲載と記されているが、複数の文献で一九三一年六月号掲載とされている。中井正一、鈴木正編集解説『美学的空間』新泉社、一九七三年。杉山光信『思想とその装置1 戦後啓蒙と社会科学の思想』新曜社、一九八三年。

(16) 同書、一三八頁。「言語・映画の理論と弁証法の問題――中井正一論の試み」という題名には表れていないが、この論考の「二」は「思想の基軸としてのカント」である〔同書、一三七‐一五一頁〕。指摘された要点は、第一に、第三批判序文前稿について論じた中井が技術（技巧）の説明の重要性を強調したことである。技術（技巧）に関する重要な言葉として「自然の技術」があるが、それは「主観的原理のうちにある合目的性を自然に投影し、自然のうちでそれを確認することなのだ」とされている〔同書、一四二頁〕。第二に、「カントにおける Kritik と Doktrin の記録について」では、カントが「『判断力批判』で感情（判断力、構想力）を知（悟性）と意（理性）の媒介者、中間者として設定したとはどういうことなのか」が論じられた。「カントにおける Kritik と Doktrin の記録について」でより正確に把握されるこの論点が「媒介の論理」と呼ばれる。「カントにおける中間者としての構想力の記録」に関しては、戦後の中井が広島で行ったカント講座との関連が指摘される。思想の基盤なきパトスをどう考えるべきか、という問題がある。この論考は、三木清による『構想力の論理』の批判を「暗に示唆」している。方向なき決断と決断を欠く過剰の意識は表裏をなす誤謬であるという。

る」性質が抽象される。そして同じ性質をもつ物を「一つの類に結合する」ことによって、概念が成立する。概念の内容が減少するにつれて、その適用範囲は拡大していく。こうして「概念角錐」が成立するが、その頂点は抽象的な「或もの」(Etwas)に至る。「内容の厳密なる一義的規定」という、科学的概念の要求に反して、概念形成の到達点は抽象性、無内容性という空虚な帰結になる。[17]

脚注で中井が示しているように、この議論は、カッシーラーの『実体概念と関数概念』(一九一〇年)の第一章に由来する。[18]それによれば、伝統的な概念形成理論の前提は、多様な事物から共通の要素を取り出す精神の能力である。「同一の性質」を持つ対象を「ひとつの部類」にまとめあげる作業を繰り返すことにより「序列と分節」が形成される。この際、思惟は、「感性的多様」を「比較」し、「区別」する機能を果たす。「反省」は、共通する本質的特徴ないし同質の要素を諸対象から取り出す「抽象」に向かう。例えば、「木」の概念は、樫、ぶな、白樺などから共通の要素を抜き出して作られる。このような基礎のもとに、概念論の原則が成立する。比較可能な対象がある場合、その系列に対しては、それらが一致する規定を含む「類概念」が考えられる。この「類」(Gattung)において、多様な等級の「種概念」(Artbegriff)が定義される。ある一つのメルクマールを断念することで、より広い領域を考察できるようになり、一つの種からより高位の類に上昇する。これとは逆に、メルクマールを減らすのではなく、新たな内容的要素を付加することによって「類の特殊化」が進行する。

述べたように、この概念形成の理論には問題がある。特定の概念に含まれるメルクマール（内包）の量は、下位概念に下降するほど増加する一方、その概念に属する「種の個数」は減少する。これとは逆に、高位の類に上昇することによって、その概念に属している個数（外延）が増える一方、概念に含まれるメルクマール（内包）の量は減少する。この手続きを推し進めることで形成されるのが「概念ピラミッド」である。問題は、その頂上が特殊な意義を欠落させた「あるもの《エトヴァス》」となる点である。こうして、「もっとも普遍的な概念は、つまるところ、もはやなんら特筆すべき特徴や規定性を持たないということになる」[19]。高位の概念に向かう手続きを進めていけば、科学的概念に期待される一義的な規定性とは反対に、「明確な境界が消えてゆく」ことになる。

これに加えて、形式論理学それ自身の立場から見た問題点もある。概念形成が、眼前にある諸対象から一致したメルクマールを抽出し、それ以外のものを放置することであるのなら、それが意味するのは、直観によって把握された全体に部分的な諸要素が取って代わることになる。さらに、概念が「考察の出発点にあたる特殊の事例の〈消去（Aufhebung）〉」に過ぎず、「固有性の無化」でしかない場合、概念はその価値を喪失する。眼前の諸対象から抽出されるメルクマールは、恣

（17）中井正一「機能概念の美学への寄与」『哲学研究』第一七六号（一九三〇年一一月号）、三七頁。
（18）カッシラー、馬場和光訳述『実体概念と関係概念』大村書店、一九二六年。
（19）カッシーラー、山本義隆訳『実体概念と関数概念』みすず書房、一九七九年、六頁。

意的なものというより全体を規定する本質的要素でなければならないのである。高位の概念が低位の概念の根拠を明示することによって、後者を理解させること、この目標が類概念を形成する従来の手順で常に達成される保証はない。桜桃ないし桜ん坊と牛肉について「赤い水けのある食べられる物体」という共通のメルクマールを設定したとしても、特殊事例の理解に寄与せず「空疎な言葉のつながり」となるにすぎないのである[20]。

中井からカッシーラーに遡行し、概念形成の手続きとその問題点を確認してきた。もっとも、中井がカッシーラーの議論をすべて受け入れたわけではない。しかし、中井の論考に含まれた、凝縮された記述を理解するには、彼の参照した文献に遡行することが時に必要となる。カッシーラーの著作へと遡行した際に気がつくのは、「普遍」と「特殊」という用語が明示されていることである。次節で見るように、これらの用語に注目することによって概念の問題とカントの判断力とのつながりがより明確となる。

二・三　概念と判断力の関連

『実体概念と関数概念』（一九一〇年）の後、カッシーラーは『カントの生涯と学説』（一九一八年）を刊行する。これらの著作の間には、一見、直接的な関係はないようである。しかし、後者でカントの『判断力批判』が論じられる際、カッシーラーは概念形成の問題に言及する。ここは、二つの著作の主題が交差する地点である。彼は述べる、「判断力の問題」は「概念形成の問題と重なる」、と[21]。根拠として彼が引用するのは、『判断力批判』の序論（第二序論）の第四節における、判断力の説明及び規定的判断力と反省的判断力の区別である。孫引きを避けるため、『カント全集』から引用する。「判断力一般は、特殊的なものを普遍的なもののもとに含まれているものとして考える能力である。普遍的なもの（規則・原理・法則）が与えられているとすれば、特殊的なものを普遍的なもののもとに包摂する判断力は……規定的である。しかし、特殊的なものだけが与えられており、判断力は特殊的なもののために普遍的なものを見出すべきであるとすれば、判断力はたんに反省的である」[22]。この箇所に対応する部分を引用した後、カッシーラーは「判断力の問題は概念形成の問題と重なる」と指摘している。両者の関連性を検討する前に、カントにおける「判断力」を確認した後、概念形成の問題との関連について考えたい。先の引用部分では、「判断力一般」は「特殊的なものを普遍的なもののもとに含まれているものとして考える能力」であるとされ、規定的なものと反省的なものとに区別されている。規則・原理・法則などの普遍的なものが与えられている場合、普遍的なもののもとに特殊的なものを包摂するのが「規定的判断力」

（20）同書、七－八頁。
（21）カッシーラー、門脇卓爾・高橋昭二・浜田義文監修『カントの生涯と学説』みすず書房、一九八六年、二九四頁。
（22）カント、牧野英二訳『カント全集8　判断力批判 上』岩波書店、一九九九年、二六頁。

である。これに対して普遍的なものが与えられておらず、「特殊的なもののために普遍的なものを見出すべき」場合の判断力が「反省的判断力」と呼ばれる。

　問題は、判断力と概念の関係である。カントによる判断力の説明を前提として、カッシーラーは、これら二つの問題が重複するものと述べる。「……判断力の問題は概念形成の問題と重なることになる。なぜなら、個別例を上位の類へと総括し、この類の普遍性のもとに含まれたものとして個別例を思惟すること、このことを遂行するのはまさに概念だからである[23]」。個別の事例を類という普遍的なもののもとに包摂し、普遍的なものに含まれたものとして特殊的な個別事例を考える働きを判断力と呼ぶのだとすれば、「概念」は判断力の前提となる。

　判断力と概念の関連性は、カントの著作でも明示的に述べられている。「判断力批判への第一序論」のⅤで論じられるのは、「普遍的なもの」と「特殊的なもの」、そして「概念」である。「特殊的なものから普遍的なものへと高まるならば、多様なものの類別化が必要であり、言い換えれば、その各々がある規定された概念のもとにある幾つかの種属相互を比較することが必要であり、また、これらの種属が共通の徴表に関して完璧であるならば、全類別化の原理をそれ自身のうちに含む（そして最上類を形成する）概念に達するまで、これらの種属をいっそう高次の種属（類 Gattungen）のもとに包摂することが必要である。これに反して、完璧な区分によって特殊的概念へと下降するために普遍的概念から始めるならば、この手続きは、与えられた概念のもとでの多様なものの種別化と呼ばれ、ここでは最上類から低次の類（亜類ないし種）へ、さらに種から亜種へと進行が続けられる」[24]。ここでは、普遍的なものと特殊的なものをめぐって二つの手続きが提示されている。特殊から普遍への上昇は「多様なものの類別化」であり、普遍から特殊への下降が「多様なものの種別化」である。普遍と特殊をめぐるこれらの手続きは、カッシーラーが批判の対象とした伝統的な概念形成論の手続きと重なるように思われる[25]。もっとも、『実体概念と関数概念』の第一章で彼が直接的に批判したのはアリストテレスの論理学であり、その実体概念であった。カントについては、その第一章で、アリストテレスの論理学における概念形成論への批判が着手される前に、僅かに言及されていたにすぎない[26]。カッシーラーが「伝統的な論理学の理論」を批判する際、判断力をめぐるカントの議論が暗黙の批判対象であったのか、あるいは

---

(23) カッシーラー、前掲書、二九四頁。

(24) カント、牧野英二訳「判断力批判への第一序論」『カント全集9　判断力批判　下』岩波書店、二〇〇〇年、二一四頁。

(25) ただし、カントにおいては、自然が自らを種別化するとされている。「……自然は、ある種の原理……にしたがって自然自身を種別化すると言うことができる」（同書、二一四頁）

(26) 「この分野〔形式論理学――引用者注〕においては恒常的で確実な学の歩みが終局的に達成されているというカントの判断が、立証され確立されるように思われてきた。この観点から見れば、論理学がアリストテレスの時代以来、後退することも進歩することもできなかったというより広い考察さえもが、論理学に固有の確実さの証《あかし》と見なされざるをえなかった」〔カッシーラー、山本義隆訳『実体概念と関数概念』みすず書房、一九七九年、三頁〕

カッシーラーの『実体概念と関数概念』はカントの超克を意味するのか[27]。これらの問いはカッシーラー研究、あるいはカント研究のものであろう。確認したいのは、そもそも思考それ自体が「概念による認識[28]」であることに加え、「概念」が判断力論の一前提だということである。

中井の「第三批判序文前稿について」では、『判断力批判』の第一序論と第二序論、ベック稿の比較に主眼が置かれており、類別化と種別化については詳述されていない。ただ、確認しておきたいのは、「機能概念の美学への寄与」で伝統的な概念形成の理論を批判する前に、中井が「判断力批判への第一序論」に関する論考を執筆した点である。伝統的な概念形成の理論を批判する前に、中井は、普遍的概念と特殊的概念をめぐる二重の運動についての、第一序論におけるカントの記述を読んでいたはずである。

「カント第三批判序文前稿について」のなかで中井は、「判断力の概念が単なる意識現象の反省によつて導かれたにすぎないと誤解される危険性」について述べている[29]。判断力が意識現象に限定されたものではないという彼の論点は興味深い。これに関して、先の二つの運動が、概念のみで完結するのではなく、直観と関連する点について確認したい。第一序論の注解を記したメルテンスによれば、普遍的概念には概念階層が含まれている。概念階層は類概念と種概念からなり、概念間には水平な関係と垂直な関係がある。メルテンスによれば、第一序論においてカントは、概念的（普遍的なもの）と経験的（特殊的なもの）の関連を、類と種との従属という論理的関係とした。述べたように、普遍的なものと特殊的なものの関係には二重の運動がある。一方においいて、上昇する運動は、概念に基づきながらも最終的には「無内容」にまで到達する。しかし、下降の運動は、直観されるにすぎず、これ以上は語り得ない「個体」に至る。普遍的なものと特殊的なものの関係は、概念のみで完結するものではないのである。この場合、両者は概念と直観との関係となる。しかし、「概念的な認識としての哲学」は、普遍的な概念のもとに包摂される限りで特殊的なものを対象にしうる。それは反省的判断力という機能を通して把握される。[30]判断力は、概念のみならず直観にも関連する。この点は、反省的判断力を下位区分した際によ

(27)『実体概念と関数概念』の後に刊行された『カントの生涯と学説』の邦訳では、カッシーラーによる「合目的性」解釈に、「機能」という言葉が用いられている。彼によると、十八世紀の言語使用における「合目的性」は、広い意味で用いられており、それは「多様なものの諸部分が一つの統一へと調和していること」に関する一般的表現であった。各部分が他の部分に調和した関係において、全体は単なる「集積」ではなく「体系」であり、「この体系の中で各項は固有の機能を所有」している。カッシーラーにとって、「カントの『合目的性』概念の本質契機をなす」のは「諸部分の緊密な結合と相互関係」である。カッシーラー、門脇卓爾・高橋昭二・浜田義文監修『カントの生涯と学説』みすず書房、一九八六年、三〇五－三〇七頁。

(28)カント、宇都宮芳明監訳『純粋理性批判上』以文社、二〇〇四年、一三二頁。

(29)中井正一「カント第三批判序文前稿について」『哲学研究』第一三六号（一九二七年七月号）、七八頁。

(30)メルテンス、副島善道訳『カント『第一序論』の注解』行路社、一九八九年、八一－八二頁。なお、メルテンスによれば、「種別化という下降の運動」を、カントは「自然自体に与えている」。

り明確になる。反省的判断力には、概念を前提としない美感的判断力と概念を前提とする目的論的判断力の二種類があるからである。まず、美感的判断は、客観についての概念に先行する判断であり、対象についての概念を前提としていない。例えば、この葡萄酒の味は快適である、という判断の場合、その根拠は感覚であり、快と不快の感情である。美感的判断の述語は、客観についての概念ではないのである。

　これに対して、目的論的判断は概念が前提となる。この目的論的判断は、「ある自然産物の概念を、それがなんであるかということにしたがって、それがなんであるべきかということと比較する」。ある自然産物の可能性を判定する際、その根底にあるのは、目的についての特定の概念である。例えば、私たちは、眼で見ることを経験する。内的なものであれ、外的なものであれ、眼の構造は、その可能な使用条件と機械的諸法則に従う原因性を含んでいる。眼については、「見るために役立つべきであった」と判断し、眼の形式と構造のなかに何らかの必然性を考えることができる。この必然性は概念に従うものであり、この概念があってこそ、自然産物の可能性を判定することができる[31]。

　特殊から普遍へと向かう反省的判断力に関連して、概念に先行する美感的判断力、さらに目的についての概念を根底に置いた目的論的判断力という区分を確認した。これらについて述べたのは、第一に、本稿は概念論を主題としているため、概念によって全てを語りうるような印象を生み出すことを筆者が懸念しているからである。第二に、後者の目的論的判断力は、中井の機能概念論との関連で興味深い論点となる。彼が機能概念を展開する際、しばしば技術的道具の「目的」を論じているからである。この点について論じる前に、実体的な概念形成と機能概念について再検討することにしたい。

三　中井における機能概念

三・一　「機能概念の美学への寄与」

一九三〇年、『美・批評』の九月号において中井は、「機能概念の美学への寄与」を発表する。述べたように、この論考は、同年十一月号の『哲学研究』に掲載される同名の論文よりも短い、素描的なものである。この論考で中井は、「カント哲学のよき修正者」としてカッシーラーに言及しつつ、彼によって発せられた「形式論理の危険性」についての「よき警告」を検討すると述べている。[32]従来の形式論理学の立場では、多くの物に「共通なる」性質を抽象して概念を形成す

(31) カント、牧野英二訳「判断力批判への第一序論」、『カント全集9　判断力批判　下』岩波書店、二〇〇〇年、二四六―二四七頁。
(32) 中井正一「機能概念の美学への寄与」『美・批評』第一号（一九三〇年九月号）、二頁。

る。しかし、「厳密なる一義的規定」という科学的概念の期待は果されることはない。中井は述べる。最終的には「其目標に於て全く空虚なものに終るのではないであらうか」、と。概念形成について説明する際、中井は、物の存在を仮定する議論から始め、その後、記憶表象に関連した説明に移っている。まず、「多くの経験」において得られた記憶の重なりから、「或物の属性に対する一つの表象」が得られる。その表象から「共通なる性質」を描き、その「共通なる第二の表象の下に凡ての物を統一する」。問題は、記憶が重なるとはいえ、それが誰にとっても共通であるとは厳密に断言することができない点である。各人によって異なるかもしれない内容をもつ表象を同じ言葉で扱うことには危険が伴う。記憶表象に基づいて体系を構成する点において形式論理が批判される。中井は、カッシーラーに言及しつつ、このような記憶表象に基づく実体概念に「構成概念《フンクチオンスベグリフ》」を対置する。記憶表象に基づいた形式論理に代わる概念構成とは、「法則的関係を分析して単純なる関係型 Relationstypus に還元する事」であり、典型と構成法則を高次の順列に総合することである。要素は「互に規定し合ひ関連の体系に融合するところの函数形」と見なされる[33]。中井が明示的に述べているわけではないとはいえ、筆者は、この記述が関係論的だと考えている。さらに、機能論理的な思考は従来の美学における「多様の統一」の議論に対比されている。「多様の統一」では統一さる、要素は被統一的内容であつて、何等能動的力のない素材にしかすぎない」。これに対して、機能論理においては、各要素は相互に規定しあうフンクチオンなのであり、要素の複合が「はじめて一つの概念を構成する」[34]。この論考には、「多様の統一の議論」における弱さなど、カント批判を思わせる記述があることに留意したい。

『美・批評』の「機能概念の美学への寄与」では、実体概念に基づく概念形成理論の批判と機能概念が論じられた。その後に発表された『哲学研究』における「機能概念の美学への寄与」でも、実体概念的な概念形成の抽象性が批判され、機能概念的思考が強調される。「物」とは「関係以前の独立な存在」ではなく、「機能的関係によってのみその全体の内容を得るもの」である、と。『哲学研究』における「機能概念の美学への寄与」では、これ以外にも、自我や身体、感情移入など数多くの主題が、機能概念的考え方から——今日における関係論的思考に対応する——論じられている。様々なアイディアの盛り込まれたこの論考の主題を全て扱うことはできないため、ここでは論点を限定したい。

第一に、論考の後半で言及される「自然の技巧」について。これは、中井の「カント第三批判序文前稿について」で言及された主題である。人為的なものでなくとも、自然の所産が、あたかも技術に基づくかのように見なされ、技巧的であると主観的に判定されることがある。中井の説明によれば、「自然の技巧」は、主観が認識すべき現象それ自体に「理性的合法則性が内在する事」であり、その反省を通して美的感情が構成される。このような意味で、「自然の技巧」は「理論

(33) 同書、四頁。
(34) 同書、五頁。

的」と「実践的」の中間者として重要性を持つ。言い換えれば、それは「素材の理性的合法則性への信頼と直観」において重要性をもつ。ただし、「自然の技巧」が再論されるとはいえ、この論考では、「外なる自然」のみならず、「内なる自然」が想定されている。後者は、人間の身体を含む。「機能概念の美学への寄与」には、同年、中井が「スポーツの美的要素」で展開した議論が組み込まれており、内なる「自然の技巧」が論じられているのである。それは、身体内部の感覚ないし内感に、例えば、舞踊や演奏、作法そしてスポーツなどといった筋肉操作の「イキ、コツ、呼吸、等のもつ心境」に関連する。「筋肉が、筋肉自らの行為をその内面の神経をもつて評価し、そこに見出す深い合法則性を端的なる反省をもつて把握すること、そこに『自然の技巧』への眞に純粋なる直感があると云ふべきであらう[35]」。芸術やスポーツにおける技巧や腕には、内なる「自然の技巧」ないし「筋肉操作の洗練性への深い信頼」があり、それらを可能にするのが訓練や練習、そして慣れである。中井は、二つの「自然の技巧」を対比するのみならず、美的創作を論じながら、双方を関連づける。彼によれば、人間の創作活動が生み出す美は、外なる「自然の技巧」が内なる「自然の技巧」を通過することによって生み出される。これが自然美から芸術美を区別する点である。独自の仕方で拡張された「自然の技巧」に関するこの議論の前段では、実は、機能概念的な身体論が展開されていた。「生物的構成」としての人間身体は「無限の機能の複合体」でもある。道具や機械は、人間身体の機能を補い、倍加する構成体であり、身体構成は社会的集団構成に浸潤する。中井は、外なる「自然の技巧」に加えて内なる「自然の技巧」を論じた。その前提は、道具や機械によって機能を補足し拡大された諸機能の複合体という身体観であった。機能概念的思考と「カント的」な問題の応用が絡み合っているかのようである。これに加え、「絵画の不安」で扱われた存在論的な問題も、「機能概念の美学への寄与」に組み込まれている。この論考では、機能概念の導入後（後半部分に対応する）、同時期に中井自身の展開した多様な論点が連結されている。それらの論点が前半部分に還流する可能性を考えれば、この論考それ自体が相互に規定しあう部分の複合体のように思われてくる。

第二に、注目したいのは、概念論の文脈に関連する論点である。主観と客観の概念など、形而上学における固定的な二分法に対して、「函数的関連のもとにある分離すべからざる要素」を分離し、「物的対象」として扱うことを中井が批判したことである。[36] かわりに提示されるのは、「相対的なる転換的ヒエラルカイヤ」である。例えば、主客未分の直接経験について考えてみよう。この経験を反省する場合、それが反省であるからには観察点が前提となる。観察点があるとすれば、体験は客観の概念に属することになる。主観と客観の分裂である。さらに、認識の「発展」を考える場合、制限される範囲で妥当するものと拡大した範囲で妥当するものが現れる。認識における変化的要素と不変的要素である。変化的要素は主観的で「個物的特殊的条件」に関連するが、

（35）中井正一「機能概念の美学への寄与」『哲学研究』第一七六号（一九三〇年十一月号）、七七頁。
（36）固定的な二分法への批判を中井は唯物論の一部に対しても行っている。

不変的ないし恒常的要素は客観的であるとされる。ただし、これらは、固定的な二分法批判の見地から「相対的なる転換的ヒエラルカイヤ」を構成する。つまり、絶対的に変化的なもの、絶対的に恒常的なものという対立としてではなく、比較される物に応じて、変化的なもの、恒常的なものとなるのである。カッシーラーにとって、「現在の状態は過去のそれに対して客観的と考へられると同時に、現在の状態は未来のそれに比して主観的と考へられる。即その間には函数的関係が成立するのみである」[37]。ただし、ある法則がより広範な領域に妥当する法則によって置き換えられる場合、客観的なものが完全に主観的なものとなり、あらゆる客観性を喪失したわけではない。かつては無制約的に妥当していた法則が一定の条件の範囲へと制限されたと考えられるのである。これが「妥当の階段性」と呼ばれる。

『哲学研究』における「機能概念の美学への寄与」では、実体概念から機能概念への移行が説かれるとともに、主観／客観という固定的な二分法への批判がなされている。これら二つの論点が単に同時期の論考で展開されたというのではなく、機能概念導入の帰結として展開されたことは興味深い。しかしながら、ここで、以下のような疑問が生じる。二分法批判を重視する場合、一方で実体概念と機能概念を対比的に論じながら、他方では機能概念への移行を強調することについての疑問である。これに関して考慮すべき第一の点は、論考の冒頭で中井が、機能概念的思考が「最終のもの」といわんとするのではないとし、機能概念的思考によって「美学の特殊問題」がどのように配列され、構成されるかを考察すると述べたことである。第二に、機能概念的思考に含意されるのは、あらゆる二分法の批判ではなく、固定的な二分法への批判だということである。例えば、「相対的なる転換的ヒエラルカイヤ」や「妥当の階段性」などの言葉で説明された内容を考えると、中井は、転換的で可動的な二分法を模索していたものと思われる。一九三〇年に実体概念の抽象性を指摘していた中井は、後に詳述するように、一九三〇年代半ばに機能概念の抽象性を指摘する。一見、これは不可解ではあるけれども、固定的な二分法への批判ないし転換を重視する見地から考えるなら、必ずしも不自然ではない。

三・二　機能概念としての窓

『哲学研究』における「機能概念の美学への寄与」では、機能概念の具体例も論じられる。彼は、ロッチェに言及しながら、金属を例にして概念形成について述べる。金、銀、銅から金属の概念を作る場合、赤色ではない、黄色でもない、何らかの比重を持っていないなど、「個々の性質の消却」だけでは不十分である。むしろ、積極的に、何らかの比重や硬さ、色などを持つという考え方があるべきとする。「凡ての個々の特徴をもつて、一つの関係を決定してゐるところの、複

(37) 同書、四六頁。

合的要素を全体の姿を持つて捉へ」る機能概念を彼は導入しようとする。実体概念と機能概念の相違を説明する際に中井が挙げた例のうち、ここでは主に窓を取り上げる。まず、実体概念における窓は、様々な窓についての「記憶表象の重なり」が「忘却を通じての抽象化」を経て一般化されたものである。これに対して、機能概念における窓は、照明と通風、そして展望度という諸要素の複合としての構成体である。各要素のパーセンテージが増減することにより、「特殊な類型」が生み出される。ある要素の増加が他の要素の減少に通じるなど、各要素は互いに相克している。これら諸要素全体の「函数的複合」が「概念の構造」であるとされる。

窓を例とした機能概念に関しては、中井は、「壁」(一九三二年)や「模写論の美学的関連」(一九三四年)、「委員会の論理」(一九三六年)といった論考でも論じている。一九三〇年における機能概念の導入から一九三〇年代半ばまでの間、中井は存在論や唯物論を摂取しているが、機能概念についても言及しているのである。実体概念の場合、円や四角といった窓の記憶表象が概念形成の出発点である。これに対して、機能概念で問題となるのは諸機能の複合である。機能概念としての窓は、「建築技術者会議が決定した通風、展望、採光の三機能要素の複合」となる。[38] 窓がこれら三要素の「函数的複合体」であるならば、丸さや角張っているといった形態は、概念形成にとって、もはや重要なものではない。機能概念と記憶表象に基づく概念の相違を示す更なる例は、硬質ガラスである。硬質ガラスが発展すると、壁全体がガラスとなり柱の機能を兼ねてきて、通風機能が建築物に委ねられることがある。この場合、壁と柱と窓が一つの機能に結合されている。こうした事態を中井は、「建築の根本機構の中により広く概念が消却されてしまふ」と表現する。確かに、実体概念的な見地では、壁や柱や窓の区別は曖昧なものとなるであろう。しかし、他方では、通風、展望、採光という諸機能は何らかの形で保たれており、「窓を構成する機能概念の各要素は客観的に凡ての窓の一般をそのまま保持してゐる」[39]。機能概念的思考の導入によって、記憶表象の重なりと忘却では把握しがたい、目的的流動性ないし転換性を中井は描き出している。

「技術的道具」は、日進月歩するものである。技術的道具が複数の要素の「函数的複合体」だとすれば、各要素のパーセンテージによって、その類型が定められる。各要素は相克している。年を経るごとに、改良が加えられ、技術的道具における「標準性の進歩」が生じる[40]。その変化は、現代なら、より一層、小刻みなものであろう。ある生産物の機能構成に対しては、可及的に多くの人間により、「人間的目的価値についての批判」が実験的に行われる。こうして、生産物の技術的概念が「その目的の線に副つて進展する」[41]。新たに生産された技術的道具は、「存在する瞬間」に「新たな標準」を示す一方、その性能は批判され、より一般的な概念を示す媒介契機となる。

(38) 中井正一「模写論の美学的関連」『美・批評』第二八号（一九三四年五月号）、四－五頁。
(39) 中井正一「委員会の論理（中）――一つの草稿として」『世界文化』第一四号（一九三六年二月号）、三二頁。
(40) 同書、三三頁。
(41) 中井正一「委員会の論理（下）――一つの草稿として」『世界文化』第一五号（一九三六年三月号）、一七頁。

このような技術的道具のあり方について中井は、「存在すること」によって「自らを否定して」、技術的目的を示す媒介となる現実存在と表現する。それは「生きた、動いてゐる概念」であるとされる。(42)

三・三　「委員会の論理」における技術と生産

中井は機能概念によって現象型態としての技術的道具を論じた。そればかりではなく、彼は、機能概念を応用して、労働や技術の論理、さらに生産の論理についても論じている。内なる自然の技巧が論じられた「機能概念の美学への寄与」と同様、「委員会の論理」でも、人間は自然の一部として捉えられている。ただし、「委員会の論理」では、労働が「合目的的な動き」として論じられている。一九二七年の「カント第三批判序文前稿について」では、中井は「自然の合目的性」に言及した。(43)「機能概念の美学への寄与」で引用されたル・コルビュジェの文章には、「労働の苦しみ」や「人間の労働能力のけなげなる過重とその耐忍は現代における『自然』である」といった一節が含まれていた。とはいえ、労働についての記述は断片的であった。「委員会の論理」では、狭義の自然の所産を対象とする目的論とは異なり、労働を対象とした議論が展開されている。

「合目的的」な「動き」として把握された労働は、唯物論的な生産力の構造をめぐる説明や機能概念的思考へと結合される。中井によれば、人間は、身体にそなわる「自然的諸力」、頭脳の働きを前提とした行動によって自然に働きかけ、自然を変化させる。他方、人間は、自然に働きかけることで自分自身をも変化させる。「委員会の論理」において、労働は、このような「合目的的な動き」として把握される。この労働力に、労働対象と労働手段を含めたものが「人間的**生産力**の構造」である。労働力と労働手段は、自然に対する人間の積極的な態度に関連する。これら労働力と労働手段の特殊な連絡構造が技術である。人間は道具を用いて、「**自然系列の進行**」を「**人間的秩序**」に転換する。例えば、自然的因果律にそった水の落下という自然系列が複雑な過程を経て、「人間的秩序」すなわち「電気機械の運動」に転化される。技術によって自然系列的要素が人間的系列的秩序に結合され、「**自然的進行と技術的対象の新しい必然的な秩序**」が発生する。ここにおける技術は、「媒介としての技術」である。

中井の概念論にとって重要な問題は、技術が論理の領域に及ぼす影響である。自然的系列の進行を人間的系列に結合する媒介としての技術を考察する前に、中井は前者、すなわち「自然進行の論理」から考察する。彼によれば、「一般に類概念的な考へ方」では、判断は三つの領域に分

(42) 中井、前掲論文、三三頁。なお、三三頁の段落で軍艦の概念が説明される際、「生産」という言葉は用いられておらず、「存在」という言葉が幾度も用いられている。

(43) 中井正一「カント第三批判序文前稿について」『哲学研究』第一三六号（一九二七年七月号）、九五頁。

けられる。第一は、概念と徴表の関係としての**概念性**である。第二は、理由と帰結の関係としての**理由性**である。第三は、全体と部分との関係としての**全体性**である。カントの「判断表」における判断の「関係」を想起させるこれらの議論は、[44]中井によって「自然進行の論理」と呼ばれている。この論理は、「函数」概念を経て、判断の記号式化に発展したとされ、カルナップらが言及される。「自然の論理」においては、現実／非現実、可能／不可能、偶然／必然などといった「図式的軸」の上で、[45]自然進行を一方向的に転換することが問題となっていた。しかし、中井によれば、技術の問題を導入した場合、論理の領域に変化が生じる。現実から非現実へ、あるいは逆に非現実から現実へ、可能から不可能へ、あるいは逆に不可能から可能へ、偶然から必然へ、あるいは逆に必然から偶然へなど「交流的構造」となるのである。「自然の論理が一方的であり、直流的であるならば、技術の論理は相互転換的であり、交流的である」[46]。固定的な二分法とは異なる機能概念的思考が、このような技術の論理へと通じているように思われる。

　この技術の論理に対しても、目的という言葉が用いられている。技術の論理は二つの存在領域を一方より他方へ、他方より一方へと、人間的目的的方向に向かって引き曲げるというのである。人間的方向へ向けて現実と非現実を相互転換するものが技術である。ただし、自然と人間の媒介である技術によって自然的系列的秩序が人間的秩序へと転換される過程が人間的目的性から離れ、他のものとなることがある。一九二七年に「カント第三批判序文前稿について」を発表した中井は、一九三六年の「委員会の論理」では、このような意味における「自己疎外性」を論じ

ているのである。(47)

---

(44)知られるように、判断の四項目（量／質／関係／様相）からなるカントの「判断表」では、判断の「関係」は三つに分けられている（定言的／仮言的／選言的）。第一の定言判断（SはPである）は「述語と主語」の関係である。ここで考察されるのは二つの「概念」である。第二の仮言判断（SならばPである）は、「理由と帰結」の関係である。考察されるのは二つの「判断」である。第三は、「区分された認識と区分によって生じた分肢全体」の関係である。考察されるのは、「相互関係にあるたくさんの判断」である。この選言判断（例えば、世界が存在するのは偶然によるか、内的な必然性によるか、外的な原因によるかのいずれかである等）は、「相互性」や全体と関連する。選言判断に含まれる各命題は認識領域の一部分をなすが、全てをあわせると領域の全体となる。選言判断には、ある命題を組み入れると別の命題が排除される「相互性」があり、「全体の中で何が真の認識かを見定めてゆく」ことになる（カント、宇都宮芳明監訳『純粋理性批判　上』以文社、二〇〇四年、一三三‐一三六頁）。中井の場合、主語と述語の関係が概念と徴表の関係（概念性）と記されているが、理由性と全体性についてはカントの議論と重なるように思われる。

(45)カントの「カテゴリー表」における様相は、可能性‐不可能性、現存在‐非存在、必然性‐偶然性からなっている。

(46)中井正一「委員会の論理（中）——一つの草稿として」『世界文化』第一四号（一九三六年二月号）、三一頁。

(47)ロマン的イロニーやハイデガーへの言及がなされる「文学の構成」（一九三〇年）では「疎外」や「隔離」という言葉が用いられている。一九三二年以降になるとマルクスの『経済学・哲学草稿』からの影響も考慮に入れるべきであると思われる。

三・四　「委員会の論理」における概念と社会

中井における実体概念と機能概念に関連して、その現象型態である技術的道具と模型的議論について説明してきた。「委員会の論理」において、機能概念は、技術の論理の領域に寄与すると評価される一方、「抽象化の中に転化」したものとして批判される。この点を論じる前に、機能概念導入以降の理論的背景を補足的に述べる。二編に及ぶ「機能概念の美学への寄与」（一九三〇年）の後、「ノイエ・ザッハリッヒカイトの美学」（一九三二年）では、カッシーラーとハイデガーという「極端なる反対の極限」に、中井は「連続せる曲率」を見出だす。「模写論の美学的関連」（一九三四年）において中井は、実体論と機能論、存在論に加え、唯物論をも論じている。「委員会の論理」（一九三六年）になると、中井は、技術の論理の領域で限定的に機能概念を取り入れる一方、機能概念の「抽象化」を指摘するようになる。彼はまた、「商品化」と「専門化」が概念の世界にもたらした影響について論じている。

第一に、機能概念の抽象化について。「委員会の論理（上）」が閉じられる前の四で論じられるのは、論理学で進行する一つの傾向である。変化する現象を離れ、「論理には永遠の世界がある」という考え方が台頭する。それは、論理における厳密化や「函数」化の傾向である。「委員会の論理」で特徴的なのは、学問における傾向が広い意味での社会的文脈から論じられる点である。中井は、機能の論理が台頭した時代について、それが「帝国主義的段階」であり、「欧州大戦へと凡ては動いてゐる」時であるという。中井によれば、「重工業的生産機構は、その生産物も亦その間に伍する人間そのものをも、その出発点よりよほど異つたものにまで導いて行つたのである」。そして「概念の世界」における変化として記されるのは、論理が、実体概念的な「記憶的表象の総合」から機能概念的な「函数的エレメントの複合構造」へと転じた、という点である。そこで生じたのは、「論理の一般大衆からの分離」である。まず、方法という局面では、専門化を経て特殊で高度化した論理と一般的な三段論法の分裂が生じる。分裂は、論理学の方法のみに生じたのではない。高度な「技術科学」によって「創出」される物の概念に関しても分裂が生じている。ある生産物の一般的な函数的概念を知っているのは専門的技術家だけとなり、それ以外の人々は、その生産物の「記憶表象のみ」を持つという分裂である。こうして、「厳密な意味での一般性は大衆からは疎外される様な構造をもつて来たのである」。中井が挙げているのは、当時における車の例である。例えば、一九三六年型フォードの「一般的概念」[48]を持つのは「専門技師の委員会」であるのに対して、それ以外の者は「感覚的記憶表象の集合」を持つのみである。こうして、「大衆はその生産物に対してその一般概念から疎外されて只表象のみをもつ」という矛盾の直中に放置されることになる[49]。

(48) 中井は、「普遍的」ではなく「一般的」という用語を用いる。
(49) 中井正一「委員会の論理（上）――一つの草稿として」『世界文化』第一三号（一九三六年一月号）、一六頁。

第二は「**商品性**」を持つ「存在の生産」が**概念構成**に及ぼした影響である。「委員会の論理（下）」の十三で論じられるのは、**売買**である。一見、概念と無関係だと思われがちだが、仔細に検討すればそうではない。中井はセメントを例にする。ある場所でセメントを売っているとする。彼は、「問い」の観点を応用して分析する。セメントが売られているということは、「**これはセメントであるか**、と人間の需要的要求に向つて**問ふてゐる**」。機能に適合しない場合、人々が買うことはなく、それは実存在の領域より排除されてゆく。こうして、売れないものは、「非存在」を意味する。これはセメントであるか、という問い――販売に対する反応としての購買が、セメントの存在と非存在を左右する。「**『である』の可能存在**はそのまま**『がある』の現実存在**に連続する」[50]。

セメントの機能構成は、人間的目的価値の観点から、多くの人によって検討されることにより、その技術的概念は目的にそって進展すると考えられる。しかし、独占資本段階では、それは大衆の批判から遊離しているという。何らかの需要があるにせよ、貨幣がなければそれは無効なものとなる。技術的概念が需要を通じて目的にそって進展するのではなく、むしろ人間的目的から遊離し、ある存在の概念が大衆的に共有されずに、人々は表象だけを持つのみとなる。これはおそらく、商品としての技術的人工物の諸機能の構成は定かでなく、その視覚的なイメージが想起できるだけという状態のことであろう。一般の人々は、道具的概念を構成する**協同性**から疎外され、与えられた生産物への表象を持つばかりである。技術的ないし道具的概念に対する人間的目的的な批判が欠如することとなる。

「委員会の論理（下）」の十四で論じられるのは、専門化が概念の世界にもたらした影響である。これが第三の点となる。労働の分割ないし分業によって、作業に必要とされる技術は部分的なものとなり、相互に独立化する。部分的で独立化した技術は、分割された作業に従事する個人の「専属機能」となる。同じことを繰り返し、注意を集中するなど経験を蓄積することにより、「最小の努力をもって所期の利用効果を得る」。ただし、諸機能の相互的な独立化の前提は、組織的な協同であった。このような分業は学問においても進行する。中井は、専門化がもたらした弊害として、協同的統一性からの遊離という傾向を指摘する。組織的協同化の忘却と分業的専門化の突出である。「概念の一般性の研究は、全人間的相互協同研究が必要であるのに、ここでは寧ろ、個人的抜駆け的な秘密的研究の中にかくれ入るのである」。専門化の進行により、非協同性ないし無協同性という事態が生じる。ここにおいても、大衆は、概念の「一般性より疎外されて、**単なる表象**のみをもつ」こととなる。(51)

商品化による無批判性と専門化による無協同性。概念の一般性の回復と委員会の桎梏化から離脱するための論理として、中井は、提案、決議、委任、実行からなる「**実践の論理**」を「**提案**」する。計画において「**目的**」とされたものの「**実行建設**」がなされると、それは報告の対象とな

(50) 中井正一「委員会の論理（下）——一つの草稿として」『世界文化』第一五号（一九三六年三月号）、一六頁。
(51) 同書、二〇－二一頁。

る。そこであらわれた誤差を現実的地盤の再検討によって是正し高次の計画へと転じること。「**批判**」は、この回帰的過程に位置づけられ、この分裂する過程が「**主体性**」とされる。「委員会の論理」は、回帰的で無限に進展する過程である。しかも、この図式は完結したものではなく、それ自体が提案されたものとして実践のなかに位置づけられている。実践の論理における出発点は提案である。それは「現実地盤の反映」であるが、歪曲される可能性もある。出発点としての提案は、欠乏性と疎外性が「大衆的潜勢力」[52]として求めた表現であり、言語化されて現勢力となったものである。

一九三六年一月から三月にかけて、中井は、理論的な同人誌『世界文化』で「委員会の論理」を発表した。同じ一九三六年の七月四日には、隔週刊の新聞『土曜日』が創刊されている。久野収によれば、松竹下鴨撮影所の大部屋俳優であった斎藤雷太郎と『世界文化』同人が連携して、斎藤が刊行していた新聞『京都スタヂオ通信』の改組によって生まれた新聞が『土曜日』である。[53]斎藤は「一般庶民」を読者の目標とした。創刊号の編集後記には、読者投稿を歓迎すると記されており、一九三七年一〇月五日付の『土曜日』第四二号の編集後記には、「非常に沢山の投書で、紙面に載せきれない。本号は七〇パーセント投書で埋めた」と書かれている。『土曜日』は、一般の読者が書き手になる新聞であった。『土曜日』を形容する言葉としては、従来、反ファシズム文化運動という言葉が用いられてきた。確かに、中井が『土曜日』に積極的に関与した背景には、状況への危機感も含まれているのであろう。本稿で考察した彼の概念論との関連から考えた場合、『土曜日』には、概念の抽象化や無批判性、無協同性をこえる試みという側面があるものと思われる。もっとも、『土曜日』という実験は、概念の世界における疎外からの回復に向かう道筋を照らし出しただけではない。読者が書く新聞としての『土曜日』は、今日から見るならば、職業的執筆者とは異なる一般読者が文化的生産に参加した一事例とも考えられる。『土曜日』が直面した困難は、政治性を帯びた集団的な文化的生産の困難をも予示しているのかもしれないのだけれども。

四　おわりに

一九二〇年代後半、カント第三批判の研究から出発した中井は、機能概念の導入とともに、伝統的な概念形成論や二分法的な論理から距離を取るようになった。しかし、最初期のカント論で見出だされた技術論や目的論は中井において独自の仕方で展開された。「委員会の論理」においい

（52）中井正一の「委員会の論理」に、また、この論考における「大衆的潜勢力」に、さらには「反映」と「表現」をめぐる問題について筆者が意識した契機となった書物として次がある。竹内成明『闊達な愚者　相互性のなかの主体』れんが書房新社、一九八〇年。

（53）『復刻版　土曜日』三一書房、一九七四年。

て機能概念は新たな抽象に転化したとされる一方、転換的な技術の論理に活かされていた。技術は、自然と人間の媒介であり、自然的系列的秩序から人間的秩序への転換の過程である。現実と非現実、可能と不可能の対立に基づく自然進行の論理に対して技術の論理は相互転換的ないし交流的である。自然的系列的秩序から人間的秩序への転換過程は、再生産の契機によって人間的目的性から遊離し、自己疎外的な形態をとる。概念の世界では、商品化による無批判性や専門化による無協同性が生じており、人々は概念の一般性より疎外され、単なる表象をもつ状況が指摘される。「委員会の論理」で展開される概念論は「社会的」である。

　言語や概念を研究する一方、中井は映画も論じている。「春のコンティニュイティー」（一九三一年）では、「一シーン平均一・七九秒」で、「〇・六秒以下の影像が一二乃至一九連続的に出現する」映画「春」が論じられている。急テンポの「春」の映像は、絵画のように静態的ではなく音楽のようにリズミカルで連想的である。「コンティニュイティーの論理性」（一九三六年）では、「**利潤対象としての大衆**」、資本によって創造された大衆が論じられている。段階と進歩のある技術に対し、創造における果てしない自由性をもつ芸術は、利潤機構に捉えられると誤謬の危険性も限りない[54]。しかし、『美学入門』（一九五一年）には、映画における協同性や人間的方向性を重視する記述がある[55]。レンズの見方という「物質的視覚」を持つ映画は、中井において繋辞（コプラ）を持たず、「である」と「でない」の「判断」は、「大衆の歴史的意欲の方向」ないし「歴史的主体性」に手渡される。「……切断面を連続せしめるものは……大衆の社会的生活より生れる矛盾の欠乏感なのである」。最終的な局面でカットとカットを結合する観客は、それによって自らの方向性を見出だす。「人間は、自分が見失つていた自らの方向を、カットとカットの切断の隙虚の中に撃発し復活するのである。社会的矛盾と欠乏を媒介として、自らの本質を明るみにもたらすのである」[56]。「委員会の論理」や『土曜日』と交差しつつも、異なる試みがここにある。

(54) 中井正一「芸術に於ける媒介の問題」『思想』第二七五号（一九四七年二月号）、三八頁。
(55) 映画論は中井が戦前期から模索してきた主題であり、ここでは一瞥にとどめる。
(56) 中井正一『美学入門』河出書房、一九五一年、八三－八四頁。なお、奥付の著者名には「なかいしょういち」とルビがふられている。

第六章

中井正一における〈性格〉論の諸相

美学者中井正一の論文では、一般的な意味とは違う仕方で、「性格」という言葉が用いられることがある。一方では、人間と機械の複合に伴う、映画のレンズやフィルムの感覚知覚に対する影響を指して「物理的集団的性格」のように用いられる。他方では、身体運動における共同存在を指して「集団的実存的性格」が語られる。機能概念論的な文脈で「性格」という語が用いられる場合もあれば、存在論的な文脈で用いられる場合もある。本稿では、辻部政太郎の組織論や戸坂潤の概念論を補助線としつつ、美学者中井正一の論考を再読する。(1) 個人と集団など、性格とい

(1) 中井再読にあたっては、まず美術出版社版の『中井正一全集』で「性格」の使用例を確認しつつ、年表を作成する作業を行った。各論考を精読し、引用する段階で、初出原稿の複写等を活用した。一部の直筆草稿やメモについては京都大学大学文書館所蔵資料の電子ファイル版で確認を行った。

う言葉が埋め込まれる図式的対比の説明とともに、図式的対比では捉え難い議論がなされていることも確認する。本稿執筆にあたっては、全集に収録された中井の論考に加えて、彼の直筆原稿や構想メモについても部分的に勘案し、中井の〈性格〉論における顕著な議論の一側面を粗描する。

一　中井正一における「物理的集団的性格」

美学者中井正一の著作はコミュニケーション論、そしてメディア論の古典的著作として読みうる。一九三一年、美学者中井正一は同人誌『美・批評』の五月号に論文「物理的集団的性格」を掲載した。資本主義的な形態をとっているものの、会社、工場、新聞や雑誌など、交渉は「集団的性格」を単位とする時代になっていた。「物理的集団的性格」では、とりわけ1）映画の「製作の過程」が集団的であることが注目される。(2) これは「集団的性格」と呼ばれる。次に、2）映画製作の「形式」は機械性と人間性の複合からなっている。これが「物理的集団的性格」と呼ばれる。一方では、物理的集団的性格を構成する機械などは社会的集団的性格によって生産される。他方では、社会的集団的性格に物理的集団的性格が影響を及ぼすとされる。

レンズやフィルム、真空管には各々特徴があるが、機械性と人間性の複合からなる映画製作過程の中で、それらの機械の影響が感覚の中に「浸入」する。レンズやフィルムや真空管は、いわば組織や集団の「神経組織」とも考えられる。それらは「眼であり耳であり喉である」。それのみならず、フィルムは知覚の「記憶者」であり「再現者」でもある。このように、一九三〇年代初頭の論考のなかで、中井は、映画における集団的製作の過程やそれに由来する知覚の変容を論じていた。彼は、今日、私たちが想定するメディア論的な議論を、まさに集団的に制作される雑誌上で、活字を通じて提示していたのである。

「物理的集団的性格」に関する中井の議論には、機能概念、あるいは関係論的な発想が伴っており、アナロジカルな関係論的情趣が想定されていた。実体としての主体や実体としての対象の間で感情移入が成立すると考えるのではなく、中井はこれを関係論的に再考する。個人は組織や集団の関係の一部として捉えられた上、全組織中の一コマの映像に見入ることで感じられる関連の相似性(3)、それに由来する情趣について中井は論じた。

中井の論文「物理的集団的性格」の発表された一九三一年の三月には、辻部政太郎が「集団的性格の断片」を『美・批評』に発表していた。つまり、中井の論文「物理的集団的性格」に先だって、辻部の論文「集団的性格の断片」が同じ雑誌に掲載されていたということになる。タイトルのみ

（2）タイトルにおける「物理的」の箇所が抹消され、「映画に於ける物理的集団的性格」と書かれた草稿がある。京都大学大学文書館識別番号：（中井8－9）「映画に於ける物理的集団的性格」

（3）絵画の場合は一枚の絵画と個人が向き合っていたが、映画の場合はフィルムの全体と一コマの映像と集団の中の個人が向き合う。

に焦点を絞れば、一見、辻部論文の「集団的性格」という用語を中井が部分的に受け入れて「物理的」という語を付加して返答したように思われる。しかし、論文タイトルのみならず、論文の内容を考慮し、視野を広げて時代を遡れば、多様な関係が視界に入る。(4)

第一に、辻部の集団的性格論の前に中井は「集団美の意義」を書いており、辻部の集団的性格論には中井の「集団美の意義」に言及した箇所もあった。「集団的性格」というタームは用いていないものの、中井は、「集団美の意義」（一九三〇年）のなかで、「『レンズの眼』の見いだす美わしさ、あるいは芸術は、集団の性格の見いだす美わしさであり、集団の性格が創りだす芸術となる」と述べていた。(5) ここでは、レンズによって成立する集団美ないし集団的芸術が、「性格」という語を用いて論じられている。これを考慮すると、内容からすれば、これは、先に述べた「物理的集団的性格」（一九三一年）で中井自身が記した構想を部分的に先取りする一節と考えられる。更にさかのぼれば、芸術の領域における、メディアを介した新たな知覚に関する着目は、一九三〇年の「機械美の構造」（『思想』二月号）でも、「性格」という語を用いて論じられていた。「それは一つの新しき『見る性格』の出現である。そしてこれまでの天才の個性並に創造の中に見出したものより異れる他の見方である、言ひ換へればレンズの見方なのである」。精緻で鋭利な「切れた感じ」を喚起するレンズの見方の浸透は、映画の領域のみで論じられたのではなく、多様なジャンルにおいて指摘されていた。「この『冷たい視覚』の『人の視覚』への浸透、これが最近の芸術、建築、絵画、彫刻に於ける大きな動きの一つではあるまいか」。(6) 一九三〇年の論考「機械美の構造」においても既に、複数の芸術ジャンルにおいて、レンズの見方ないし「冷たい視覚」が人間に浸透すること、こうした事態を中井は、「個性」が「集団の『性格』」を模倣する、と独特な表現で論じていた。

中井による「機械美の構造」（一九三〇年）や「集団美の意義」（一九三〇）の後、辻部による「集団的性格の断片」（一九三一年）が書かれる。辻部における「集団的性格」とは、「意思と統制と行動を持てる組織体」である。「国家、都市、軍隊、会社、銀行、学校、新聞社」などが例となる。最大のものは階級であるが、中単位や小単位などを含めると、その規模は多様である。かつては「個の完成の時代」だったとすれば、現在は「個の解消」から群結成に向かう時代であるという展望のもと、辻部はとりわけ雑誌や新聞などを「集団的性格の断片」の中で論じている。(7) つまり、主に雑誌や新聞に注目した、辻部による「集団的性格の断片」の後、今度は、映画に注目した中井の論考「物理的集団的性格」が同じ『美・批評』に発表されたことになる。内容的隔たりもある

（4）中井自身の論文ではなく、知人の論文を参照しつつ、議論を進めることは中井研究の周辺を過度に重視していると見なされる可能性もある。ただし、文献の参照関係を顕在化することに加えて、集団的制作という観点から中井の論考を読むという意義もある。
（5）中井正一『中井正一全集２』美術出版社、一九八一年、一八〇頁。
（6）中井正一「機械美の構造」『思想』第九三号（一九三〇年二月号）、六三頁。
（7）辻部政太郎「集団的性格の断片」『美・批評』第六号（一九三一年三月号）。

が、両者は、複雑な応答の関係にあると思われる(8)。例えば、「物理的集団的性格」で辻部の論考に反応したかのような議論を展開した後、中井は、「気質《かたぎ》」論では、組織体を指す辻部の意味とは異なる意味で「集団的性格」を論じている。あえて別の意味をこめて同じ用語が用いられたかのようである(9)。

「物理的集団的性格」の発表と同じ一九三一年、中井は「芸術の人間学的考察」のなかで、部分的に類似したテーマを扱いながら、類型性と標準性の論点を論じている。中井によれば、絵画の中にも「レンズとフィルムの見方」を受け入れたものがあった。そのレンズとフィルムの見方には、「標準性」があり、「年次的な類型性」がある。したがって、物理的集団的性格、すなわち機械性と人間性の複合を通じて人間に浸透するレンズとフィルムの見方の影響は、「集団的」人間の「類型」的な見方を個人が受け入れることとなる。換言すれば「集団的性格が個人的個性に滲透するのである(10)」。この箇所では類型性の論点に加えて、集団的「性格」と個性の対立ではなく「滲透」が論じられていることに留意しておきたい。

二　戸坂における性格概念と中井における機能概念

辻部の「集団的性格の断片」を勘案しつつ、中井の「物理的集団的性格」論を中心に彼の性格論を辿ってきた。中井における〈性格〉論を考える際、さらなる背景の一つとして、戸坂潤による「性格」概念論を考慮する必要がある。[11]

一九三〇年六月、戸坂潤の『イデオロギーの論理学』が刊行され、中井は書評で同書を扱った。[12]『イ

（8）『美・批評』における辻部と中井の連携、及び「集団的性格」と「物理的集団的性格」についての先行研究としては山田宗睦「《日本の思想雑誌》『美・批評』、『世界文化』」『思想』（一九六三年八月号）がある。

（9）『美・批評』に投稿した「気質《かたぎ》」の中で中井は、集団的性格ないし気質の類型を時間軸や空間軸を手がかりとして整理している。例えば、同時代的な対立的性格ないし気質（儒者、遊人）、歴史的イデオロギー的観点からの対立性格ないし気質（公卿、武士、町人、職人）、時間的な人間的対立性格ないし気質（娘、息子、親父、老人、隠居）、空間的な対立性格ないし気質（江戸、上方）などである。一見、人間学に触発された類型論のようであるが、異質な気質間の「交錯と交代」、あるいは「指導的ヘゲモニー」など社会的な議論も展開されている（中井正一「気質《かたぎ》」、『中井正一全集2　転換期の美学的課題』美術出版社、一九八一年）。なお、戦後の論考「農村の思想」で中井は農民の「矛盾的性格」を論じてもいる（中井正一「農村の思想」（一九五一年）、『中井正一全集4　文化と集団の論理』美術出版社、一九八一年）。

（10）中井正一「芸術の人間学的考察」『理想』第二七号（一九三一年一〇月号）、一一一頁。

（11）戸坂も中井も「個性」より「性格」を重視した。両者の性格論が展開される前の一九二二年、三木清が「個性の問題」から出発していたことがどれほど二人に影響を及ぼしたのかは定かではない（三木清「個性の問題」『三木清全集第二巻』岩波書店、一九六六年）。なお、中井の場合、戦後に「三木君と個性」を発表している（『中井正一全集1　哲学と美学の接点』美術出版社、一九八一年）。

（12）中井の書評では、内容的な政治性や時代性といった意味合いで「性格」という語が用いられた（『中井正一全集1　哲学と美学の接点』美術出版社、一九八一年、三六七－三六八頁）。

デオロギーの論理学』の巻頭論文は「『性格』概念の理論的使命——一つの計画に就いて」である。これはもともと、一九二八年十一月に発行された雑誌『新興科学の旗のもとに』第一巻第二号に発表された論文であった[13]。いずれにしても、中井の「物理的集団的性格」、及び辻部の「集団的性格の断片」以前に、戸坂の「性格」概念論が発表されていたことになる。もっとも、同じ「性格」という言葉を用いているとはいえ、概念内容の相違を考慮すれば、中井に対する戸坂の影響は確定し難い。ただし、中井による論考のタイトルや論文中で用いられる用語の中に、また構想メモや草稿で「性格」という言葉が用いられる傾向があるため、考慮すべき背景の一つとして、「『性格』概念の理論的使命」の論点を確認しておきたい。

「性格」という言葉は、一見、「個性」と類似しているが、戸坂は両者を対照的に捉えている。だが性格概念について説明する前に、私たちはまず戸坂における個性や個物の位置づけを検討する必要がある。彼によれば、私たちが継承している理論的遺産のなかで最有力の概念は「普遍者」である。理論が論理的であろうとすれば、普遍者と関連せざるをえない。さらに、普遍者ならざるものが「引き出される」ために、まず普遍者から出発せねばならないという事情もある。こうして、普遍者は最有力の概念となり、特殊者ないし個別者は第二に有力なそれとなる。この時、普遍者から特殊者ないし個別者を「引き出す機能をもつ媒介者」が、戸坂によれば、個別化の原理である。個別化されることによって普遍者は特殊者となる。個別化の終点となるのが「個物」であり、その「個性」である。この個物ないし個性が第三の根本概念となる。

戸坂によれば、「外延的なるもの」ないし連続の上で、「限定されたもの」が「個物（個性）の最初の規定」となる。個物は、限定されたもの、限界をもつものとして、現れる。ある事物と他の事物の連続を仮定した上で、事物の連続のなかに「限界」を見つけ、事物を「区別」することによって人は、個物や個性を知る。原子に到達すると、個別化の原理は動きを止める。これ以上、分割も個別化もできないものが原子である。それが個物（In-dividuum）であり、モナドである。

このように、個物ないし個性は、個別化の原理の「終点」において現れる。したがって、個物と個性の概念を理解するには、その背景として個別化原理を必要とする。これに対して、性格の概念の成立は、個別化原理とは独立したものである。なぜなら、性格概念は、限界や分割とは関係がないからである。[14]では、戸坂の提示する「性格」概念とはどのようなものか。モナドロジーや個別化原理を経過した彼が提示する性格概念とはいかなるものであったのか。

戸坂によれば、言葉としての「性格」の「原始的な意味」は「刻印」である。例えば、日常的

(13) 同じ第一巻第二号では、佐竹繁夫が「バルビュスとマルクス主義」を論じている。この論文は、『ヴァンドルディ』の前身である雑誌モンドを率いたバルビュスに向けた辛辣な批判を含んでいる。一ヶ月後の第一巻第三号では、かつて個性研究から出発した三木清の「有機体説と弁証法」が巻頭に掲載されている。なお、『新興科学の旗のもとに』については、信山社の復刻版を参照。

(14) 植物と動物の「限界」が与えられない場合でも、日常生活においては、概略的に性格を理解することで充分である。

な事物の性格は、その事物が持ってはいるが、付与された刻印のことである。これに対して、ある事物の「本質」は、それ自身に備わっており、それを付与する人々から独立している。与えられた刻印としての「性格」は、その刻印を付与する「人々への関係を含むことによつてのみ成立する概念である」[15]。

日常的に私たちが接する事物には様々な性質がある。ある性質は顕著なものであり、別の性質はそうではない。何が顕著であるかは事物だけで決定されるのではない。顕著とされる特定の性質は、視角に応じて、異なる。性格は事物の「支配的な性質」である。「事物の性質AがBC……を代表する時、顕著なるこの性質Aはその事物の性格となるのである」[16]。どの性質が選ばれて性格とされるかは「政策」ないし「理論的計画」に関連する。

実践的な取り扱いを通じて、事物の性質が明らかになる。性格が意味をもつのは「実践に於てのみ」である。そして事物の性格は「事物の歴史的運動に寄与」すべきことが強調される[17]。

一九三〇年六月、鉄塔書院より、戸坂潤の『イデオロギーの論理学』が刊行される。同年八月、一時は「会えば必ず闘う論敵」であった中井が『哲学研究』誌上にて同書の書評を発表する。「性格的論理、すなわち内容的な政治的形態による論理」という言い換えに、中井における、性格概念の捉え方が滲み出ている[18]。中井は、時代性を持つ問題が性格的であること、時代が問題とする限りで問題は性格的であることも踏まえていた。ただ、基本的な姿勢としては、戸坂の論理を「政治的傾倒」とし、中井自らは科学の重要性に注意を喚起した。

「『性格』概念の理論的使命――一つの計画に就いて」を巻頭に収録した、[19]戸坂の『イデオロギーの論理学』が刊行された一九三〇年には、中井は、その書評のみならず、「集団美の意義」や二篇にわたる「機能概念の美学への寄与」を発表している。[20]『哲学研究』に掲載された「機能概念の美学への寄与」では、実体概念から機能概念への転換が説かれている。[21]従来の論理学では、まず、「個々独立の物」があるとされ、それらの物に共通の性質が「抽象」される。そして同じ性質をもつ物体を「一つの類」のもとに包摂する。この過程を進めることで、概念ピラミッドが現れる。

(15) 戸坂潤『イデオロギーの論理学』鉄塔書院、一九三〇年、九頁。
(16) 同書、一三頁。
(17) 同書、一七頁。
(18) 中井正一「戸坂潤著『イデオロギーの論理学』」（書評）『中井正一全集1』美術出版社、一九八一年、三六七頁。
(19) 二〇一八年一月には、巻頭論文として「『性格』概念の理論的使命――一つの計画に就いて」を収録した林淑美編『戸坂潤セレクション』（平凡社）が刊行されることとなった。
(20) 一九三〇年一月の日付で閉じられる「文学の構成」のなかで、中井は、ハイデガーの性格論に言及していた。なお、戸坂の『イデオロギーの論理学』刊行は同年六月である。
(21) 中井の機能概念論については、学位論文を含めて、これまで何度も取り組んできた主題である。要約的な議論としては以下がある。門部昌志「中井正一再考――集団的思惟の機構について」『県立長崎シーボルト大学国際情報学部紀要』第三号、二〇〇二年。機能概念についてのより詳細な議論としては次がある。門部昌志「中井正一と概念の問題」『研究紀要』長崎県立大学国際情報学部、第一四号、二〇一三年。

だが、その頂点となるのは、或る物という空疎な言葉にほかならない。中井の機能概念論は、最終的には無内容な言葉に行き着く実体概念的発想から機能概念への移行を唱えるものであった。例えば、窓の概念の場合、様々な窓の記憶表象の重複と忘却による抽象化ではなく、「照明、通風、展望度」の「函数的複合体」が窓の機能概念となる。[22] 機能概念はまた、主観／客観などのように、「函数的関連のもとにある分離すべからざる要素」を分離し対立したものと考える、固定的な二分法のあり方を批判するものでもあった。「機能概念の美学への寄与」の中では、過去の状態に対して現在の状態は客観的となり、未来の状態に対して現在の状態が主観的になるなど、比較されるものに応じて転換が生じる、カッシーラーの発想が論じられていた。

もっとも、本稿で確認したいのは機能概念論への移行というよりむしろ、戸坂と中井における概念論の対照性である。戸坂が批判の対象とした議論では、普遍者から出発して個物（個性）へと至る概念論になっていた。これに対して、中井の機能概念論で批判の対象とされた議論の前提は「個々独立の物」から出発して或る物に到達する議論であった。批判の対象に関する説明においてではあるけれども、普遍者から出発する議論と個物から出発する議論など、前提となる発想が両者では極めて対照的である。[23]

ただし、中井の「機能概念の美学への寄与」において、「性格」という言葉が用いられる箇所がある。中井は身体を「機能の複合体」とする。人の跳躍と飛行機、遊泳と船、眼とレンズ、鼓膜と声帯とラジオなどのように、身体の機能は、道具や機械によって、拡大されてきた。表現と知覚は個人を越えて集団的な社会性を帯びたものとなり、身体は、「社会的集団構成」のなかに「浸潤」する。「今は性格の名をもつて基準とする集団性が巨大なるその外貌をあらはすに至る」(24)。道具と機械によって身体諸機能は拡大され、表現と感受のあり方が個人的意識を超える、そのようなあり方が「性格の名をもつて基準とする集団性」として記述されている。主題としては「物理的集団的性格」に通じる内容と思われるが、視覚だけではなく、技術的物質によって媒介された知覚や身体運動を含めて記述されている点が特徴的である。

戸坂の性格概念論が著作の一部として刊行され、中井がその書評を書いた同じ一九三〇年に、中井は機能概念論を提示した。批判の対象とする概念論の説明の仕方は両者とも対照的であったにもかかわらず、中井は、「性格」という言葉を用いた。ただし、それは、戸坂の「性格」概念を内容的に継承するものとは別種の議論であった。一九三〇年には、論考「文学の構成」のなか

---

(22) 中井正一「委員会の論理（中）——一つの草稿として」『世界文化』第一四号（一九三〇年二月号）、三二頁。小学館の復刻版を参照。

(23) 三木清の「個性の問題」では、「具体的普遍」というヘーゲルの思考が論じられるが、最終的には個性の基礎付けに至らないとして限界が指摘される。「普遍的なものほど具体的である」という発想は中井の批判した実体概念論の発想とは対照的であり興味深い。三木清「個性の問題」『三木清全集 第二巻』岩波書店、一九六六年、一三二－一三三頁。

(24) 中井正一「機能概念の美学への寄与」『哲学研究』第一七六号（一九三〇年十一月号）、七五－七六頁。

で、中井は、既にハイデガーの性格論に言及していた[25]。また、後には、「物理的集団的性格」などに見られるように、独自の内容を盛り込みながら、中井は彼自身の性格論を断続的に展開していったように思われる。

ただし、一見、やや不充分と思われる箇所もある。映画をめぐって展開された「物理的集団的性格」論では、絵画と映画、人間と機械、個人と集団、個性と性格、個性と類型性、そして実体概念と機能概念など多様な対比のなかに「性格」という言葉が埋め込まれて用いられる傾向があると思われる。しかし、性格論と中井が結びつけた機能概念は、関係論的であるのみならず、固定的な二分法を批判する発想をも含んでいた。例えば、機能概念ないし関係論的思考を基調とする「物理的集団的性格」の場合、また二分法批判が敢行される「機能概念の美学への寄与」においてさえ、性格論が展開される文脈では、二分法批判に達することなく、個人と集団、個性と性格などの対比として読まれ得る箇所がある。機能概念論の見地からすれば、個人と集団など、「性格」という言葉の埋め込まれる対比それ自体を再考することになるはずである。だが、このように考える場合、個性と性格について論じる際、中井が「浸潤」や「滲透」といった用語を用いていたことも考慮すべきである。これらの用語によって、個性と性格の二分法的対比としてではなく、異なるものの二重化として読みうる余地があるのではないかとも考えられる。また、中井による性格論のなかで、相互転換的思考が活用されている例があることについては後述することとする。

三　集団的実存的性格

以上、中井の論考「物理的集団的性格」をめぐって、戸坂や辻部の論考との関連で考え得ることを概略的に述べた。「物理的集団的性格」では論文タイトルに「性格」という語が埋め込まれていた。これに対し、(26)タイトルではなく論文中で「性格」に関わる用語が頻繁に用いられるのが論文「スポーツ気分の構造」である。一九三三年の『思想』に掲載されたこの学術論文では、主として、スポーツをする者の感じる気分が、「性格」という言葉を用いた多様な造語によって論じられていくことになる。(27)

第一は、スポーツ気分のもつ「空間的性格」である。中井によれば、グラウンドに入った選手は、白線や曲線、そして楕円などを前にして緊張し昂奮するという。ここでは物理的空間は、「追抜き、到達しつくすべき存在的距離」となっている。つまり、グラウンドの線や曲線を前にして

(25) 原稿の末尾に書かれた日付によれば、「文学の構成」は、一九三〇年一月に脱稿されたようである。
(26) 中井の「現代における美の諸性格」(『理想』第四九号、一九三四年)においても、タイトルに「性格」という語が埋め込まれており、論文中の一部分(第七節)で「性格」が幾度か用いられている(「利潤的企画が成生するところの非人間的性格の所産」など)。論じられたのは、利潤対象としての大衆性に関わる主題である。
(27) 選手ではなく、競技を見る観客のスポーツ気分も、やや批判的にではあるが、論文の末尾で扱われている。中井は、タイムやスコアよりも「実存の内底」を重視している。

感じられる緊張した気分には、間隔を「距離的性格」に転換するような契機があるのである。それは、「範疇的性格を実存疇的性格に転換するところの中間的性格をもつてゐる」[28]。このように、スポーツ気分には、単なる間隔を到達すべき距離に転換する「空間的性格」があるとされる。

第二に、方向に関わる問題がある。「射的及び弓術」を類型的な例として、ビリヤードのキュー、野球のバッテリー間の線などにおいて、「単なる方向」を変化させる「集中的緊張的気分」がある。弓術の場合、心的ないし身体的動揺を消し去って、一つの的の方へと弓が引き放たれる。この一点に向かう心に対して、スポーツには、「方向転換」ないし「カーヴの次元」もある。ボートにおけるS字型コースを始め、ランニングやスキー、スケートなどのコースが醸し出すスポーツ気分は「二次元的空間的性格」である。

第三に、スポーツのチームにおける「集団的実存的性格」がある。スポーツでは、「シートを守る」、「シートに着く」、シートとシートの間合《ま》い、ないし間《ま》をとる気分がある。その際、自己は、シートないしポジションの機能や部署に応じて、「共同相互存在としてのみその存在の意義をもつ」ようなあり方をしている。ボールが放たれる時、二つのチームのラガーたちは二方向的に対立しつつも動態的に変化する。このように、動態的に変化する相互の共同性としてのチームのあり方が「集団的実存的性格」と呼ばれる。

第四は、スポーツ気分における「肉体的技術的性格」に関連する。「呼吸」や「こつ」、そしてフォームをめぐる問題である。練習が深まるにつれてスポーツをする者は「深い謎」に対峙するようになる。その「『判らなく』なつた期間」がスランプである。ただし、山を越え、谷を越えるとフォームは成熟に向かう。叱られた後や猛練習の後にふと判る時が到来する。「ハハアこれだな」という際の「これ」は、「被投的投企」に関連する。しかし、それを言葉によって語ることは困難であり、「…としての」構造 Als-Struktur をもつものではない。「寧ろ Vor-Struktur としてすでに気分的に判つてゐながらうまくゆかないのである。そして練習の後に始めて『……として』はつきり判る」。「実存的気分的性格」は、これら「二つの構造の中間構造」である。先の集団的実存的性格とは対照的に、この実存的気分的性格に関する議論では、個人のみが注目されているように思われる。だが、「お互いに緊つて行かう」といった挙例を考慮すると、必ずしもそうではないことがわかる。

「スポーツ気分の構造」で中井は、ハイデガーの名を挙げ[29]、時に実存という言葉を用いて、様々な性格を論じている。ただし、これらのハイデガー哲学に由来する邦訳語については九鬼周造の「講義」と岩波講座『実存の哲学』に「負ふ」とも中井は述べている[30]。このことは、中井における「性格」論の背景を考える上で考慮すべきことの一つである。

---

(28) 中井正一「スポーツ気分の構造」『思想』第一三二号（一九三三年五月号）、九七頁。
(29) 一九三〇年に発表された中井の「文学の構成」でも、ハイデガーに言及しつつ、距離や性格が論じられた。
(30) 九鬼周造『実存の哲学』岩波書店、一九三三年。

四　生きている空間と映画

映画をめぐって書かれた「物理的集団的性格」では、集団や機能概念が重視される傾向があった。これに対して、スポーツをめぐって展開された「集団的実存的性格」論では、機能論というよりは存在論的思考をその主たる背景としている。ただし、カッシーラーとハイデガーという対極の間に「連続せる曲率」を見出そうとする姿勢を中井はもっているため[31]、彼の諸論考では、機能論と存在論の双方が展開されることもある。これらを考慮すると、物理的集団的性格論にせよ、集団的実存的性格論にせよ、機能論ないし存在論的思考のいずれかのみに関連づけることはやや単純化した捉え方であるといえる。例えば、物理的集団的性格論の系列に結びつく傾向のある映画に対して存在論的な議論がなされることもある。その一例が戦後に展開された映画空間論である。

戸坂潤が科学論の領域で空間論を執筆したのに対して、中井正一は、言語[32]や芸術の領域、例えば演劇や映画に関連して空間を論じている。中井の議論の前提は、「生きている空間」であり、単なる間隔としての空間ではない。それは「あるべき位置」との「距離」としての、あるべき位置にいる自分から離れている「不安としての空間」である[33]。中井は、この不安としての空間という見方から芸術を論じるのみならず、個人ではなく集団の次元で議論を展開しつつ、映画を論じる。「映画の場合は、その見る眼はレンズであり、それを描くものはフィルムであり、それを構成するものは委員会である時、この集団的性格との間の距離の上に成立していると考えられるのである」[34]。芸術的空間の論じられたこの短い一節では、映画を製作する集団（と観客）、そして物質的媒体（レンズとフィルム）の主題が、「距離」の問題と関連づけられている。ただし、この「生きている空間」という論考では、中井は、「不安と怖れ」によってではなく「自分自身を否定の媒介とする」という見方によって「個人より集団への飛躍」が成立するとも述べている。

五　委員会と（しての）性格

「性格」という言葉に注目して中井の論考を再読した場合、映画論の系列となる物理的集団的性格論とスポーツ論の系列である集団的実存的性格論が顕著なものとして浮かび上がると筆者には思われる。前者の場合、中井が集団的芸術のモデルとして映画を位置づけたことによって、物

---

(31) 中井正一「ノイエ・ザツハリツヒカイトの美学」『美・批評』（一九三二年五月号）、五頁。
(32) 「文学の構成」などで展開された中井の言語空間論も重要な問題を提示している。中井は、主張と確信、発言と聴取、意味の充足と拡延といった対比を組み合わせつつ、ハイデガーに由来する性格的隔離性の問題を論じている。
(33) 中井正一「生きている空間――映画空間論への序曲」『中井正一全集3』美術出版社、一九八一年、二一一頁。
(34) 同書、二一五頁。

理的集団的性格論は集団の思考をめぐる論考とも関連をもつようになる。[35] 例えば、中井の論文「思想的危機に於ける芸術並にその動向」では、「集団的性格」ないし「集団的組織」という用語に加えて「集団的機関」という語が用いられて議論が展開される。それは「レンズを眼とし、委員会を決意とし、企画をその夢想とし、統計をその反省とするところの一つの利潤的集団的機関である」[36]。この論考で提示されるのは「個人主義」と「集団主義」の対比である。個人における記憶や構想、（心身の）技術や個性、思弁と反省に対応して、集団における記録や企画、技術（機械、組織、統制）、性格、委員会、批判会からなる理論的モデルが示された。こうして、「個性」と「性格」という用語は、個人と集団を対比する図式のなかに位置づけられることになる。

中井の論考において、メディアを介した知覚の問題ないし物理的集団的性格論の系列を辿っていくと集団の思考ないし委員会をめぐる議論に遭遇する。[37]「物質的感覚」ないしメディアによって媒介された知覚のあり方が「集団人間の感覚」であるならば、それは委員会にも関連することになる。一九三〇年代初頭における物理的集団的性格の議論は、先の引用部分では、戦後の中井によって、「物質的感覚」や「委員会と云う近代的集団思惟の機構」の議論へと整理され、議論が発展させられている。かつての「集団的性格」という語に代わって「集団思惟の機構」及び「新たなる性格」といった言葉を併用しつつ、集団的な意識と思考のあり方が論じられている。

では、中井の論文「委員会の論理」では「性格」という語はどのように用いられているのであろうか。「委員会の論理」では、「性格」という語は、合理性や論理、概念など、抽象的なものに対して用いられている。例えば、上篇（一～五）で論じられた各時代の合理性ないし論理の「性格」が中篇の冒頭で言及される。また、「それぞれの文化が残す性格」が転化することによって、「委員会の合理性を築いてゐる」など、[38]僅かながら、重要な箇所で「性格」という語が用いられることもある。そして下篇になると、現代における概念のあり方として専門化の進行と大衆化が論じられ、「**概念の大衆的性格**」、「概念の**商品的性格**」、「**無批判性**の性格」、「概念の**専門性**の性格」などが言及される。[39]「委員会の論理」では、概念論の文脈では「性質」という語が用いられており、「性格」との使い分けも意図的になされているようである。

(35) 論文「意味の拡延方向並にその悲劇性」で中井は、言語活動の隠喩としてラグビーを論じたことがある。その意味では、スポーツをめぐる中井の議論が集団的思考をめぐる議論に示唆を与える可能性もあるかもしれない。なお、中井における隠喩としてのラグビーについては以下を参照。門部昌志「集団／身体／言語活動」、『県立長崎シーボルト大学国際情報学部紀要』第七号、二〇〇六年。
(36) 中井正一「思想的危機に於ける芸術並にその動向」『理想』第三五号、一九三二年、一三三頁。
(37) 逆に集団の思考ないし委員会について考えることによって、メディアを介した知覚の問題につきあたるともいえる。
(38) 中井正一「委員会の論理（中）――一つの草稿として」、『世界文化』第一四号（一九三六年二月号）、一六頁。
(39) 中井正一「委員会の論理（下）――一つの草稿として」、『世界文化』第一五号（一九三六年三月号）、一六－二一頁。

六　「存在の諸性格」と「芸術的存在」

中井の論考に見られる「性格」という語の用法のうち、顕著と思われるものを検討してきた。これまでの議論は主に『中井正一全集』に収録された論考を対象としているが、必ずしも全ての用例を網羅的に検討したわけではない。というのも、性格論は、多様な対象に対して展開されうるために、全用例を紹介することは、議論の焦点を拡散させるからである。そのことから、本稿では、中井の性格論における顕著な議論を取り上げて論じることとした。もっとも、本稿における用例の選択ないし絞り込みについては恣意的との批判も充分ありうるものと思われる。[40]

しかしながら、その場合でも、これまでの言及範囲は『中井正一全集』に収録された論考の範囲内に限られている。もし、全集のみならず、中井の直筆草稿やメモ段階の資料を含めるなら、[41]空間、[42]美、[43]委員会[44]など様々な対象が、「性格」という言葉によって論じられていたことを確認できるはずである。ただし、草稿やメモ段階における資料は、[45]極度に簡潔に要約されたものも多い。たとえ文章化されている場合でも断片的であったり、簡略化された手書き文字が判読しにくかったりなどといった事情もある。直筆の草稿やメモを読むことそれ自体が容易ではない。[46]仮に特定の草稿やメモを読み得たとしても、中井の性格論に関わる記述は多岐にわたり、焦点を絞る必要性も生じてくる。さて、筆者は、これまで中井の性格論に関する未刊行資料を参照するなかで「存在の諸性格」と呼ばれる構想メモと出会った。[47]そして、資料を読み込むうちに、それが『美学入門』

(40) 文字通り、人間の性格を論じた論考（気質論、矛盾的性格論）は、本稿ではやや周辺的なものとして取り扱っている。
(41) 草稿やメモなどの中井関係資料についての概略は次の解説を参照。福家崇洋「〈資料解説・目録〉中井正一関係資料」『京都大学大学文書館研究紀要』第一二号、二〇一四年。
(42) 戸坂は「性格としての空間」を論じており、中井の構想メモにも、「空間性格」など空間に関わるものがあるが、本稿で論じることはできなかった。
(43)「現代美の諸性格」というメモでは「事実感、組織感、生産感、集団美……機械美、スポーツ美、映画美」などの論点が列挙されている。タイトルは、「美学の新しい領域」が三重線で抹消されており、「現代美の諸性格」と書き直されている（難読字については著者の推測及び省略を含む）。「現代に於ける美の諸性格」（活版）では、雑誌『理想』の表紙に中井の論文五篇のタイトルが加筆され、単著『近代美の研究』の目次原型となっている（うち一篇「新しい美と世界観」のタイトルは一重線で抹消）。
(44)「委員会の歴史的性格」と題されたメモでは、ギリシャの議会やローマの会議などの歴史的事例から、国際連盟など現代の事例までが簡潔に列挙されている。
(45) なお、草稿の生成論的研究については、松澤和宏『生成論の探求』名古屋大学出版会、二〇〇四年参照。ただし、本稿では、生成論的視点を中心にした議論展開をする方向には向かわなかった。
(46) 未刊行の草稿やメモなどの執筆年代は、内容や原稿用紙などによって、およその推定が促されるとはいえ、正確に確定するのは難しいと思われる。
(47) タイトルの書かれるべき場所に「存在の諸性格」と記された構想メモがある。なお、論点を書き留めたメモというよりも論文に発展する構想を含んだ複雑なメモを、本稿では構想メモと呼ぶことがある。

の一部分と、さらには、「美学概論」（『中井正一全集2』所収の講義聴講者ノート）と内容的に重なることが判明した。[48] もっとも、一方では、簡略化された構想メモを中心主題として他の文献の支えなしに論じることは、解釈の幅が大きくなるため、困難が大きいと思われる。他方、文章化されていたとしても講義聴講者ノートの扱いは容易ではない。そこで、以下では、主として『美学入門』第二部「六　芸術的存在」を中心に読み解くこととし、重要な論点に関しては、適宜、「存在の諸性格」と題された直筆のメモや講義聴講者ノート（「美学概論」）に言及することにしたい。

まず、『美学入門』の「六　芸術的存在」冒頭で、多様な「存在」を分けることの理由が述べられる。普段、「存在」といってすませているが、「分けて」考えるのでなければ、混乱に陥る。そのため、「整理」して考えようというのである。

第一に、自然の存在について述べられる。『美学入門』では、「a　可能としての存在」、「b　現実としての存在」、「c　生物としての存在」に分けられている。

まず、「a　可能としての存在」とは、例えば、三角形や正方形、さらに数字など、「頭の中でたゞ考えられるだけの存在」である。現実の直線には幅があるが、頭の中で「幅のない直線」を考えることはできる。可能としての存在の世界は、実験を必要とせず、可能か不可能か「だけを疑問とすればよい世界」である。

先の「a　可能としての存在」が数学的存在だとすれば、次の「b　現実としての存在」は、物理学的存在である。物理学の学説が現実であることを証明するには、「実験」による証明が必要となる。したがって、「現実としての存在」は、「それが現実であるか否かを問うところの世界」の存在である。

そして「c 生物としての存在」がある。この場合に問題となるのは「成長」や「新陳代謝」である。それらは「物理学的存在」にはない「動き」であるとされる。何かが現実としての存在であっても、生きている限りにおいてのみ生物としての存在となりうる。この世界で問題となるのは「生きているか否か」、これのみである。

このように、『美学入門』の「六　芸術的存在」において、「自然の存在」は、「a 可能としての存在」、「b 現実としての存在」、「c 生物としての存在」からなるとされる。中井の構想メモ（「存在の諸性格」）でこれに部分的に対応する議論は、「（A） 可能存在」（可能・不可能）、「（B） 現実存在」（現実・非現実）、「（C）必然存在」[49]（必然・偶然）等と記された、一頁の前半部分にあたる。『美学入門』の先のセクションと比較した場合、存在間の「交互性」の可能性が示唆されている点が、「存在の諸性格」と呼ばれる構想メモの特徴である。[50]

（48） 技術と芸術については「芸術における媒介の問題」が、存在の三つの区別については、未刊行資料のメモ「（論理の諸性格）… ［芸術的存在］」などが部分的に関連すると思われる。
（49） 「美学概論」では「偶然存在」と呼ばれている。『中井正一全集2』美術出版社、一九八一年、二三一頁。
（50） また、（A） 可能存在、（B） 現実存在、（C） 必然存在のそれぞれに対して補足的に「である」、「がある」、「生きる」と記されており、四角の部分は赤い色で強調されている。

第二に、先に議論した自然の存在に対して提示されるのは、技術の存在である。自然の世界では、「可能か不可能か、現実か非現実か、偶然か必然か」が問題となる。これに対して、技術の世界では、これらの対立が揺るがされることとなる。技術によって、自然の世界で不可能なことが可能になり、これまで非現実であった事柄が現実のものとなるのである。逆に、現実であった事柄が技術によって非現実と化すことも考えられる。「ダイナミックに可能と不可能、現実と非現実、偶然と必然の色々の存在を転換せしめるところに人間の技術的存在の意味があるのである」[51]。このように、技術という存在を論じる際、中井は機能概念に由来する相互転換の論理を技術論へと応用しており、それは自然の存在と鮮やかな対照をなしている。

二分法的に捉えられた自然の世界に対置されたのは、転換を可能にする技術の世界である。技術の世界には、「創造の自由」があるが、それは誤りをおかす危険性も伴っている。技術の世界では、誤りを「踏みしめる」ことで真実に接近するようなあり方が特徴的に現れている。換言すれば、技術的存在の世界では、実験ないし実践を通じて、可能と不可能、現実と非現実、偶然と必然という対立を超えて、新たな世界が生み出されていくのである。

自然の存在と技術の存在に加えて、第三に問題となるのが芸術的存在である。芸術の世界ではギリシャ神話のなかに飛ぶ人間が出現するが、技術の世界では、一八〇〇年においても飛ぶ人間は現実ではなく、二〇世紀における飛行機の誕生によって、ようやく飛ぶ人間が現実となった。このように、技術において「苦心の末」に生み出されるものがあるとすれば、芸術の世界では、「何の苦もなく、一挙に、そこに到達する」ことがある。技術の存在と比較した場合、芸術の世界の特徴は、「創造の自由」をもつ技術的世界より「さらに自由な世界」だということである。そのため、芸術の創作者が誤った場合、その誤りは技術よりも数十倍の誤りとなると中井は考える。一九五一年の『美学入門』で中井は、芸術の政治利用に対する懸念を表明している。中井によれば、芸術的存在の世界は、芸術の政治利用をめぐる芸術家間における一種の戦場であり、「芸術の歴史は、この惨憺たる焼跡に外ならない」。

標題を指し示すと思われる部分に「存在の諸性格」と書かれた一枚の構想メモがここにある。一見したところ、自然の論理、技術の論理、芸術的存在が並列的に論じられつつ、芸術論に収斂するような構成になっている。これに対して、『美学入門』で内容の重複する箇所を見ると、セクションのタイトルが「六　芸術的存在」となっており、芸術が強調されている。その一方で、『美学入門』では、芸術の存在についての記述は極めて簡潔である。

芸術的存在についての記述に関しては、「存在の諸性格」と題された構想メモでは様々な芸術の流派が列挙されているだけである。[52] これに対して『美学入門』では、芸術の政治利用をめぐる

(51) 中井正一『美学入門』河出書房、一九五一年、一二七頁。
(52) 構想メモでは「A シュプレマチスムス、B 自然主義、C ロマンチシズム、D リアリズム」と書かれているのみである。「美学概論」の6では、これらの芸術流派が論じられている。

芸術家の相克など、政治的な観点が前景化されていた。一方、『中井正一全集2』所収の「美学概論」では、「芸術的現象」と題されたセクションが別に設定され[53]、芸術的現象それ自体が、可能存在、現実存在、偶然存在を取り扱う芸術へと区別されている。その上で、古典主義、自然主義、浪漫主義の芸術が、さらにヒューマニズムの芸術が論じられている。構想メモでは名前が言及されるだけであった芸術の流派が「美学概論」で論じられる。「美学概論」は、「存在の諸性格」（構想メモ）を補足する内容を含む一方、『美学入門』ではカットされた難解な議論をも含んでいるようである。

七　結語

本稿では、一般的な意味とは異なる仕方で「性格」という語を用いた中井の議論を辿ってきた。筆者にとって顕著と思われた一つの議論は「スポーツ気分の構造」であり、集団的実存的性格をめぐる議論である。それと同時に興味深いのは、時代を経て複数の論考で断続的に発展させられた物理的集団的性格論である。人間と機械の複合を通じて物質的感覚が人間に浸透するという、メディア論的思考を先取りした物理的集団的性格をめぐる議論は、「集団思惟の機構」など、「性格」とは別の用語を加えつつ、委員会ないし集団の思考をめぐる議論に接続され展開されてきた。また、「性格」という特殊な用語の変更のみならず、「集団的性格」の意味変更を試みた形跡が中井の「気質《かたぎ》」論に見いだせる。(54) 中井における性格論は、全集未収録の草稿やメモでも散見される。だが、それらは単独では扱いの難しい資料が多いのも確かである。比較的まとまった「存在の諸性格」と題された構想メモ、また、これと内容の重複する『美学入門』の「六　芸術的存在」では、他の性格論では後景に退きがちな相互転換の発想が技術論として応用されていた点で興味深い例となっている。(55) その一方で、相互転換の議論によって自然的存在と技術的存在、技術的存在と芸術的存在との対比が浮彫にされてもいるのである。

八　年表　三木、戸坂、中井、辻部における「個性」と「性格」論の展開

一九二〇年五月　三木清「個性について」『哲学研究』(『三木清全集第一巻』岩波書店)
一九二二年一月　三木清「個性の問題」(56)『哲学研究』第七〇号(『三木清全集第二巻』岩波書店)

---

(53)「美学概論」の5は「美の本質―芸術的存在」であり、6が「芸術的現象」である。
(54) 辻部の意味とは異なる、文字通りの集団的性格を論じた論考が「気質《かたぎ》」である。
(55) 機能概念に由来する相互転換の思考の技術論への適用は「委員会の論理」でも試みられている。
(56) 論文の冒頭で、三木は、個性の問題を論じるにあたり、「特殊の問題」から出発する。ただし、特殊が普遍に還元される場合には特殊の問題は存在しない。したがって、特殊が普遍に還元されない場合に特殊の問題が成立し、それが個性の問題を考える出発点となる。「個性の問題は特殊の非合理性の問題に始まる」。この後、

一九二七年八月　戸坂潤「性格としての空間」『思想』第七二号（『戸坂潤全集第一巻』勁草書房）
一九二八年十一月 戸坂潤「『性格』概念の理論的使命――一つの計画について」『新興科学の旗のもとに』第一巻第二号
一九二八年十二月　三木清「有機体説と弁証法」『新興科学の旗のもとに』第一巻第三号（『三木清全集第三巻』岩波書店）
一九三〇年二月　中井正一「機械美の構造」『思想』第九三号
一九三〇年　中井正一「文学の構成」『新興芸術』第四号五号
一九三〇年六月　戸坂潤『イデオロギーの論理学』鉄塔書院。
一九三〇年七月六日　中井正一「集団美の意義」『大阪朝日新聞』（『中井正一全集2』美術出版社）
一九三〇年八月　中井正一「戸坂潤著『イデオロギーの論理学』」（書評）『哲学研究』八月号（『中井正一全集1』美術出版社）
一九三〇年十一月　中井正一「機能概念の美学への寄与」『哲学研究』第一七六号
一九三一年三月　辻部政太郎「集団的性格の断片」『美・批評』三月号
一九三一年五月　中井正一「物理的集団的性格」『美・批評』五月号
一九三二年一月　中井正一「気質《かたぎ》」『美・批評』一月号（『中井正一全集2』美術出版社）
一九三二年九月　中井正一「思想的危機に於ける芸術並にその動向」『理想』第三五号（『中井正一全集2』）

一九三二年十一月　戸坂潤『イデオロギー概論』理想社
一九三三年五月　中井正一「スポーツ気分の構造」『思想』五月号（『中井正一全集1』美術出版社）
一九三六年一−三月　中井正一「委員会の論理——一つの草稿として」（上・中・下）『世界文化』
一九三六年五月　戸坂潤『日本イデオロギー論』白揚社。
一九三七年九月　中井正一「集団的芸術」『プレスアルト』第九号（『中井正一全集2』美術出版社）
一九四七年二月　中井正一「芸術に於ける媒介の問題」『思想』二七五号（『中井正一全集2』美術出版社）
一九四八年一月　中井正一「三木君と個性」、『回想の三木清』三一書房（『中井正一全集1』美術出版社）

三木は「非合理的な特殊を合理化する合理性は何であるか」を問題とする。論文の前半部分で、歴史主義、普遍妥当的価値の観念、具体的普遍の観念によって個性の問題を基礎付けうるかが検討され、いずれも限界が指摘される。論文の後半で、神、人類の理念、叡知的性格が部分と全体の関係として論じられる。このように、三木は個性の問題に関する研究から出発した。彼が、個性論の批判を含む戸坂の性格概念論をどう読んだのか。その手がかりの一つとなるのが、『新興科学の旗のもとに』に掲載された、三木の「有機体説と弁証法」である。具体的普遍など、「個性の問題」を想起させる部分もあるが、マルクスへの言及が特徴的である。

一九五〇年十一月「レンズとフィルム――それも一つの性格である」『シナリオ』十一月号（「物理的集団的性格」の改稿）（『中井正一全集3』美術出版社）
一九五一年一月　中井正一「生きている空間――映画空間論への序曲」『シナリオ』一月号（『中井正一全集3』美術出版社）

九　参照された資料[57]

「物理的集団的性格」〔原稿断片〕
「委員会の歴史的性格」〔メモ〕
「映画に於ける物理的集団的性格」〔原稿断片〕
「空間性格（観念形態）…」〔メモ〕
「投票の存在的性格」〔メモ〕
「論理の諸性格」〔メモ〕
「存在の諸性格」〔メモ〕
「近代美の性格（一）」〔メモ〕
「現代美の諸性格」〔メモ〕
「日本的否定的性格」〔メモ〕

（57）京都大学大学文書館所蔵の資料を参照（電子ファイル）。直筆の草稿や構想メモ等でも、標題と思われる箇所で「性格」という言葉が用いられた資料が幾つかある。

第七章

集団的思考と危機——三〇年代の中井正一と分裂するディアア・ロゴス

一九三〇年代初頭、中井正一は、エルンスト・カッシーラーに端を発する機能概念を導入し、美学上の問題に適用した。中井におけるカッシーラー受容はつとに知られてきた点であり、これは新しい指摘ではない。しかし、中井のテクストを再読するなら、一九三〇年において彼がすでに関係論的思考を導入しており、しかも形而上学的対立の批判に着手していたことを確認できる。さらに、機能概念を美学的問題に適用する彼の試みのなかに、主観／客観図式を解体する企図をみいだすことができるであろう。主観の解体という認識のもとに進められた集団的思考の探究は、メディアへの関心と結びついている。第二次世界大戦以前に発表された中井の諸論考は古色蒼然とした旧字体で印刷されたものである。にもかかわらず、それらのテクストから浮き彫りになる問題のいくつかは、二〇世紀後半の思想家たちが探究してきた問題と交差するものと思われる。

むろん、三〇年代の思想が再び検討されるという事態は中井に限ったことではない。理由が異なるとはいえ、近年、京都学派が再検討されていることは周知のとおりである。[1]筆者があえて中井を論じるのは、集団的思惟をめぐる探究からコミュニケーションとメディアに関する洞察をひきだせるからである。そのような探究の背景には、実体として捉えられた意識という観念の危機に関する認識がある。ただし、中井の思考は、論理的探究のみにとどまっていたのではなく、近代性の深化と反転が知にもたらした危機的状況に対峙する論理を模索するものでもあった。専門化過程の徹底化によって逆説的にうみだされる知の貧困という状況があり、彼は集団的思惟についての思索を深化させることで思想的危機を乗り越える方途を模索していった。映画において進行していた集団的組織化の動向は、彼に一つのモデルを提供したのであり、そこから、機械をふくめた集団的思惟の機構が素描される。一九三〇年代前半の探究をへて、一九三六年、中井は「委員会の論理」を発表する。

委員会という言葉は、現代において、思索を誘う力を失っている。委員としての個人が集まって議論するという、この言葉の実体的理解によって中井の委員会を理解することには明らかに無理がある。これに対して、三〇年代前半に中井が発表した諸論考を補助線とするならば、この言葉に多様な角度から光を照射できるはずである。本稿では、一九三〇年から一九三六年のテクストを主な対象として中井の思考の流れをたどり、テクストの相互的な関連をしめしながら、委員会について検討することにしたい。

第一節では、主として「機能概念の美学への寄与」を検討し、カッシーラーの著作を契機とした関係論的思考の導入と美学的問題への適用について考察する。[2]第二節では、機能概念を前提として集団が記述されていたことを確認し、さらに、中井にとっての集団は人間のみならず機械をも包摂する点についてのべる。集団的思考の探究において、彼にモデルを提供したのは芸術であるが、第三節では、論文「思想的危機に於ける芸術並にその動向」を検討する。この論考で中井は、商品化、専門化、大衆化を背景とする思想と芸術の危機について論じており、とりわけ映画における集団的組織化の動向を一つのモデルとして集団的思考のあり方を素描している。第四節では「委員会の論理」における集団的思考の構想を検討する。この段階で中井は、機能的論理への限定的な批判をおこなっており、集団的思考の構想にも修正が加えられる。では、まず、中井における機能概念の受容とその適用から説明することにしたい。

（1）海外の学術雑誌でも京都学派に関する論考が掲載されている。たとえば、下記の文献を参照。Bernard Stevens, L'attrait de la phénoménologie auprès des philosophes de l' école de Kyôto, Revue *Philosophie* numéros 79«Phénoménologie japonaise», (Paris : Les éditions de Minuit, 2003.), pp.25-42.

（2）機能概念を軸とした、中井のカッシーラー受容については、拙稿「技術と媒介の社会学」『年報人間科学』大阪大学人間科学部、第二〇号（一九九九年）でも論じている。

一　機能概念の地平

実体論から関係論へ

一九三〇年、[3] 中井正一は『実体概念と関数概念』（一九一〇年）におけるカッシーラーの議論を導入し、[4] 美学におけるその論理的帰結を執拗に検討している。それを明確にしめすのが、一九三〇年に発表された二つの論考、「機能概念の美学への寄与」である。中井は、まず「機能概念の美学への寄与」を『美・批評』の創刊号（一九三〇年九月号）に発表し、その後、おなじタイトルの論考を『哲学研究』（一九三〇年十一月号）に発表している。これら二つの「機能概念の美学への寄与」のうち、前者はエッセンスを凝縮した論考であるのに対し、[5] 後者はより長く緻密な論考となっている。本稿では後者を中心に検討するが、この論考の前半部分では、実体概念と関数概念に関するカッシーラーの議論がとりあげられている。そのさい、今日、関数概念と訳されているカッシーラーの Funktionsbegriff は、[6] これらの論考では函数概念、あるいは機能概念と表記されている。以下では、中井におけるカッシーラー受容の要旨を、機能概念を中心として、確認することにしたい。

「機能概念の美学への寄与」で中井は、カッシーラーに依拠しながら、実体概念の問題を整理している。それによれば、従来、実体概念における概念形成は以下のような手続きでおこなわれてきた。まず、無数の性質をもつ「個々独立の物」が仮定され、つぎに、それら独立の物の性質から共通する性質が抽象される。そして、その性質をひとつの類へと結合するとき、概念が誕生する。[7] こうした概念形成の手続をより高い水準にまで繰り返すことであらわれるのが概念ピラミッド（「概念角錐」）である。概念ピラミッドにおいては、概念の意味内容が少なくなるにつれ、その適用範囲が拡大する。したがって、その頂点は抽象的な「或もの」（Etwas）の表象に帰着する。

（3）論文「機械美の構造」でも「機能」という言葉がもちいられている（六八頁）。ただし、機能概念は、「構成概念」と表記されている。美術出版社版の『中井正一全集3』では、この論考は一九二九年四月号のものとされているが、一九三〇年二月号の『思想』に掲載されたものである。ちなみに、巻頭論文は九鬼周造の「『いき』の構造（下）」であった。

（4）カッシーラー、山本義隆訳『実体概念と関数概念』みすず書房、一九七九年。なお、山本義隆の指摘によれば、一九二六年に『実体概念と関係概念』（馬場和光訳）の書名でこの著作の抄訳が出されていた。

（5）『美・批評』版の論考では、相互依存関係にある「要素の複合」としての機能概念についての詳しい記述はあるが、機能概念の立場による形而上学的区別への批判については言及されていない。

（6）カッシーラーの関数概念は数学的研究に由来する概念である。「すでに数学的研究は、単なる〈量〉の考察を越え、〈関数〉の一般理論に転じている〔……〕そこで新しい統一に統合される『要素』とは、『部分』としてひとつの〈全体〉を作る外延的量ではなく、相互的に規定され、したがって依属の〈体系〉に結び合わさるべき関数形式なのである。」〔カッシーラー、山本義隆訳『実体概念と関数概念』みすず書房、一九七九年、八九頁〕。もっとも、数学やカッシーラーの研究を一次的な目的としていないため、本稿では中井のもちいた「機能」という言葉を採用している。

ることになる。しかし、このような概念形成にたいし、それは全く空虚なものではないかという疑問が生じる。そもそも科学的概念が要求するのは表象の無内容性ではなく、内容の「厳密なる一義的規定」だからである。(8) たとえ桜の実と牛肉を赤い水気のある物体という共通な表象の群に配分したとしても、それは妥当な論理的概念に到達したのではない。それは無意味な言葉の結合にすぎないのである。

このような陥穽をもつ実体概念にかわって注目されるのが、事物を関係においてとらえる関数概念である。カッシーラーは、ある数学者の文章を引用し、(9) そこでもちいられた「事物」という旧来の言葉が「新しい内実と新しい意義」を帯びているという解釈を提示している。「『事物』とは、〔……〕あらゆる関連に先行して在る自立的実在として措定されるのではない。〔……〕それは、孤立してではなく、ただ観念的な相互性《ゲマインシャフト》においてはじめて『与えられ』うる〈関係項(Relationsterm)〉である」(10)。この議論は中井の文章中に反響している。「此の『物』とは、決して凡ての関係以前の独立な存在を意味しない。〔……〕機能的関係によつてのみその全体の内容を得るものなのである」。関係項としての事物を記述するさい、中井は「機能的関係」という言葉をもちいている。

さらに中井は、実体概念から機能概念への転換に応じて、模写、組織と要素、同等性などの観念が変革される点に言及する。第一に、模写は、(11) 外的印象に照応する概念的模像をつくることではない。事実的なるものとの一致は問題ではないのである。物はすでに機能的関係なのであり、模写は、「思惟進行と思惟対象との間の新しい必然的なる秩序」を作ることである。第二に、組織における要素は、全体の部分としての大きさではなく、「互いに規定し合ふ関連的組織に融合

（7）煩瑣ではあるが、時期によって機能概念に関する説明の仕方が微妙に異なる点についてのべておく。『哲学研究』に掲載された「機能概念の美学への寄与」では、多くの物に共通する性質が抽象され、「同一の性質を有する物体」を一つの類へと結合することによって概念が誕生すると中井はのべている。しかし、「委員会の論理」では、物に共通する性質が抽象された後、「その性質を一つの類に結合する」と表現が修正されている。この場合、一つの類に結合されるのは物体ではなく、性質である点が強調されている。なお、本文中での説明は後者に依拠するものである。

（8）中井正一「機能概念の美学への寄与」『哲学研究』第一七六号（一九三〇年一一月号）、三七頁。

（9）対応する箇所を、カッシーラーではなく、デーデキントの訳書から引用しておく。「われわれが集合を数えるとか、事物の総数を求めるとかいう際に、われわれがどういうことをするかを精密に追究すれば、事物を事物に関連させ、一つの事物を一つの事物に対応させ、または一つの事物を一つの事物によって写像するというような精神の能力の考察に導かれてくる。この能力がなければ一般にどんな思考も可能でない。ただこれだけに、しかも全く欠くことのできない基礎の上に数の科学全体が打ち建てられなければならない〔……〕」デーデキント、河野伊三郎訳『数について　連続性と数の本質』岩波文庫、一九六一年、四一‐四二頁。

（10）カッシーラー、前掲書、四二‐四三頁。

（11）カッシーラーの邦訳書では「写像」に対応する。「写像とは〔……〕まったく異なった諸要素をある体系的統一に統合する思惟の〈対応づけ（Zuordnung）〉以外のことを言ってはいない。」同書、四三頁を参照のこと。

する函数形」と見なされる。[12]第三に、相等しいということは、従来、量的に捉えられていたが、機能概念の場合、位置的に等価であること、換言すれば「一つの集合要素の他の集合要素への対応的関係」を指すことになる。[13]

可動の境界

一九三〇年に中井が執拗に検討した機能概念は、今日なら、関係論的思考と呼ばれる発想を含んでいる。ただし、その機能概念が、形而上学的区別の批判に通じるものであったことにも留意したい。カッシーラーに依拠しつつ、中井は次のようにのべる。「形而上学の犯した罪は、単にそれが認識論の領域を踏み越えたることにのみ止まらず、認識の領域内に於ても、函数的関連のもとにある分離すべからざる要素を、不当にも分離して考へ、論理的相関性にあるものを物的対象として扱ふごとき誤謬を犯してゐる」[14]。換言すれば、認識の領域において相互的にのみ規定される一対の観点を分離させ、論理的に相関するものを事物的に対立するものに解釈しなおす形而上学特有の手続が、ここで批判されている。「形而上学は伝統的にしばしば、思惟と実在、主観と客観、物と精神等を各々分離対立した『もの』として論じすぎた」のであり、「現代に於ける唯物論的考へ方にも、又この形而上的解釈を見出さしめるものが残つてゐる」[15]。この一文で、中井はカッシーラーの議論を紹介することから逸脱し、形而上学的区別への批判をある種の唯物論への批判に転用している。

固定的な境界を前提とする形而上学的区別に対して、カッシーラーが提示したのは可動の境界を前提とする思考であり、そこでは二項が相互に転換するものと考えられた(16)。中井によれば、カッシーラーにとって「現在の状態は過去のそれに対して客観的と考へられると同時に、現在の状態は未来のそれに比して主観的と考へられる」(17)。形而上学的思考では主観と客観の連続が不可能となるのに対し、機能概念の見地において、主客は分離すべからざる関係にあり、比較される他のものとの関係によって一つの事柄が主観的とも客観的とも考えられるというのである。

機能概念の導入を契機として、事物は自立的実在ではなく、観念的な相互性において与えられうる関係項とみなされた。この立場はまた、論理的に相関するものを事物的に対立するものへと解釈しなおす形而上学的手続きへの批判をも要請した。これらを背景として、相互転換が語られ

(12)中井、前掲論文、四三頁。
(13)同書、四九頁。
(14)同書、四四頁。
(15)同書、四五頁。
(16)カッシーラーは、分離された「不動の境界」ではなく、「不断に移りゆく可動の境界」を問題にすべきだとのべている。中井の論考には「可動の境界」という表現をみいだすことは出来ないが、内容的には同じ問題が議論されている。
(17)同書、四六頁。

るようになる[18]。関係論的思考と形而上学的区別への批判を導入するさい、中井が依拠したのはカッシーラーの『実体概念と関数概念』（一九一〇年）であることはすでにのべたが、それは数学および数学的自然科学の領域に限定された研究であった。この著作以降、カッシーラーは『シンボル形式の哲学』（一九二九年）で以前の問題設定をふみこえ、「生命の領域」に対象を拡大したことについては、「機能概念の美学への寄与」（『哲学研究』）で中井自身も言及している。したがって、『実体概念と関数概念』における対象領域の限定性、また『シンボル形式の哲学』[19]における対象領域の拡張を前提としたうえで、中井は、カッシーラーとは独立に、機能概念を芸術および技術の問題に転用したものと思われる[20]。中井にとって、一つの機能概念を構成するのは要素の複合である。要素とは相互に規定しあい、関連の体系に融合するものであり、機能論理では、一つ一つの要素は機能とみなされる[21]。このような機能概念の例として、中井は窓をとりあげている。たとえば、窓は、多くの窓の記憶表象の重なりと忘却を通しての抽象化にもとづくものではなく、通風、展望、採光の三要素の複合として把握される。各要素のパーセンテージの増減によって類型が決定されるのである。

自我の解体と集団的知覚

「機能概念の美学への寄与」というタイトルがしめすように、この論文で中井は機能概念の美学的問題への適用を試みている。その例として、感情移入論に対する中井の見解をみてみよう。

(18) 中井による「機能概念の美学への寄与」に先立つ一九二二年、谷川徹三はゲオルク・ジンメルの『カントとゲエテ』(大村書店)の翻訳書を刊行し、一九二八年には岩波書店から刊行しているが、この著作にも二元的対立への批判が見られる。

(19) 佐々木力は『シンボル形式の哲学』第三巻に数学基礎論論争の調停的観点を読みとっている。「数学基礎論論争はこうして一九三〇年代に、一つはロジックの制度化によって、もう一つはさまざまな立場を容認する多元主義的認識論によって一応の終息に向かったように思われる。このような調停的観点は、哲学的には何もウィトゲンシュタインによって独占的に唱道されたわけではない。そのほかにもたとえばフッサールの後期思想(それに、それから多くを学んだオスカー・ベッカーの一九二七年刊の『数学的存在』も)は数学基礎論のさまざまな立場の対立を緩和すべく案出されたと見なすことも可能である。〔……〕エルンスト・カッシーラーの『シンボル形式の哲学』の第三巻『認識の現象学』(一九二九年)にも同様の思想傾向が読みとれる。」(佐々木力『二十世紀数学思想』(みすず書房、二〇〇一年)、一〇〇頁)。なお、「機能概念の美学への寄与」のなかで中井は『シンボル形式の哲学』第三巻に言及しているが、心身の関係が存在の機能関係の象徴的原型であり範型であるという、異なる文脈においてである。

(20) 「模写論の美学的関連」で中井はカッシーラーが機能概念を技術の領域にまで適用しなかったとのべている。しかし、カッシーラーは「形式と技術」という論文を執筆していた。ジョン・マイケル・クロイスの序論によれば、「形式と技術」は論集『芸術と技術』に序論として収められたものであるが、「この論集は限定版として出版され、予約購読者にしか販売されなかったため、〔……〕結果として入手困難となり、カッシーラー受容の過程ですっかり見過ごされてしまったのである。」カッシーラー、篠木芳夫・高野敏行訳『シンボル・技術・言語』法政大学出版局、一九九九年、八頁。

(21) 中井正一「機能概念の美学への寄与」『美・批評』第一号(一九三〇年九月号)、四-五頁。

彼によれば、従来の感情移入論は「自我を一つの固体と考へ、客観を一つの実在的存在と考へ、その客観の中に『自我』を見出すと云ふロマン的思考の後継者」であった[22]。そこでは自我と物は個物として相対し、主観と客観の対立を前提として感情移入が論じられていた。中井の目論見は、実体概念を前提とする感情移入論を機能概念によって組みかえることである。たとえば、「機械美の構造」では、生物としての人体と自然的対象のそれぞれが機能的関係にあるものとして把握され、これら二つの構成体の相似的連続性のなかに新たな感情移入が見出されている[23]。「機能概念の美学への寄与」でも、同じ問題が山岳と身体を例として論じられる。「例へば山岳が垂線に向つて機能的構成をなす場合、身体は垂線に向かつてなす自らの身体的機能感覚をもつてそれを測る。機能の相似的射影である。自然構成の身体的構成への射影であり、換算である[24]」。身体が山岳に対峙し、身体的機能感覚によって自然をはかるとき、自然構成は身体的構成へと射影され、換算される。「関係の一領域に見出す一構成が、無限にまで他の領域に射影してやまぬ波紋」が感情移入だとすれば、自我は「相似的関係の無限なる射影にあたつて、かゝる複雑なる関連をして可能ならしむる関係そのものを意味する[25]」。物のみならず、自我もまた関係へと解体されているのである。

自我と物、感情移入といった術語を関係論的文脈へと配置したのち、中井は自我を構成するものとして、身体と機械に注目する。中井によれば身体はあらゆる機能の「複合体」であり、その機能を補足し倍加する構成体が道具と機械である。道具は「身体の拡大射影」であり、機械はさらに身体の機能を拡大する。

「飛行器《原文ママ》と人の跳躍、艦船と遊泳、レンズと眼球、ラジオと鼓膜並に声帯等々の構成は自然構成より道具、道具より機械への機能拡大への過程である。そしてすでに後者の領域ではその表現及感受の凡てが、個人意識の領域を越えて、集団構成の社会性の上に成立する。そこに身体構成は分ち難き溶融をもつて社会的集団構成の中に浸潤して行く。そしてこれまで個性の名をもつて基準とせし個体が、今は性格の名をもつて基準とする集団性が巨大なるその外貌をあらはすに至る。表現にも観照にも芸術は大きな変革をこゝに蒙つた訳である。レンズの見出す新しき美、機械の見出す新しき美、所謂現今の技術美とはこの性格的美の上に構成さるゝと云へやう[26]」。

---

(22) 中井正一「機能概念の美学への寄与」『哲学研究』第一七六号（一九三〇年一一月号）、七二頁。
(23) 中井正一「機械美の構造」『思想』第九三号（一九三〇年二月号）、七〇頁。
(24) 中井、前掲論文、七四頁。
(25) 同書、七二頁。
(26) 同書、七五－七六頁。

身体の機能を拡大するものとして、道具や機械を位置づける見解は、今日では、斬新なものとはいえまい。身体の拡張という論点はマーシャル・マクルーハンの著作によって人口に膾炙しているものでもあるが、彼の場合、身体拡張の反転として生じる感覚麻痺にも言及していた。ここで着目したいのは、一般に個人意識に属するものとされている「表現及び感受の凡て」が、さきの引用文では「集団構成の社会性」の上に成立すると書かれていることである。「機能概念の美学への寄与」で注目すべきなのは、主観／客観の固定的対立や実体としての個人意識への批判がなされたのちに、集団や身体、機械への言及がなされている点である。中井の認識において、「表現及び感受の凡て」は独立した個人意識という虚構から解き放たれており、知覚はマテリアルな次元において把握されている[27]。機械が身体機能を拡大する時代にあって、身体は互いに独立した固体ではなく社会的集団構成に結びついている。この問題系は、戦後の論文「芸術に於ける媒介の問題」でも展開される。現代において、歴史的段階は、個人的意識段階から集団的意識段階に移行しつつある。レンズやフィルム、電話と真空管、印刷など、物質的感覚が、集団人間の感覚となりはじめた。「委員会と云う近代的集団思惟の機構は、個性単位の意識を越えたる新たなる性格を、人間社会に導入するに至った[28]」。

委員会は、単に委員としての個人が集まって討議をおこなうといったものではない。それは、「個性単位の意識を越えたる新たなる性格」であり、実体的なものとして捉えられた個人意識という虚構への批判を背景とするのである。委員会はまた、機械的技術をふくめた集団的思惟の機構として位置づけられている。後にみるように、集団的思考をモデル化するさい、中井に示唆を与えたのは芸術の集団的組織化であった。

機能論と存在論

一九三〇年から本格的に導入される機能概念に注目しながら、中井におけるカッシーラー受容とその帰結について確認してきたわけであるが、三〇年代初頭にあって、中井はマルティン・ハイデガーにも関心をもっていた。「ノイエ・ザッハリッヒカイトの美学」（一九三二年）がしめす

(27) テクノロジーを含めた錯綜した諸関係の中に認識能力を位置づける発想は、現代フランスのコミュニケーション研究にも見られるものである。ダニエル・ブーニューによれば、哲学者たちは久しく、先天的な能力であるかのように理性を各主体の内部に位置づけてきた。しかし、この内在主義、あるいは自我中心主義に対して、情報コミュニケーション科学は、関係性を一次的なものとみなし、社会技術的なネットワークの中に存する理性の外在性を記述することに寄与してきた。Daniel Bougnoux, *Introduction aux sciences de la communication* (Paris : La Découverte, 1998), p 5. ブーニューはまた、メディオロジーに言及しつつ、それがカント的な超越論的主体を技術と集団の歴史によって再定義するものであるとしている。Daniel Bougnoux, *Sciences de l'information et de la communication*, collection « Textes essentiels », (Paris : Larousse, 1993), p 15.

(28) 「芸術に於ける媒介の問題」『思想』第二七五号（一九四七年二月）、三八頁。戦後の『思想』に発表された論文「芸術に於ける媒介の問題」の原型は京都大学哲学会の公開講演会における一九三二年の講演「美の転向とその課題」といわれている。

のは、中井がカッシーラーとハイデガーを関連づける立場にあったということである。[29] この論文の第二節で彼は、機能概念をめぐる議論を繰りかえしつつ、新たな言葉と論点をつけくわえている。主観と客観という対立概念が「機能概念よりすれば、むしろ消滅し解体さるべきこと」を説明したのち、中井は主観と客観の相互転換について「相対的なる転換ヒエラルキア」という言葉をもちいている。さらに、「解体さるべき」形而上学的対立の例として、「内界と外界の概念」が新たに指摘される。そして第三節、カッシーラーとハイデガーの架橋を中井は試みる。

それによれば、実体概念が批判されて主観と客観の対立が解消される場合、数学化の方向と解釈学への方向という二つの経路がある。カッシーラーとハイデガーは「極端なる反対の極限」に位置しているにもかかわらず、「何ものか連続せる曲率がその間に流れてゐるが様である」。一方では、カッシーラーの『シンボル形式の哲学』は「数学的推論より出発して、具体的生命現象の射影的等値性の見透しを得んとする試みとなつたのであつた。〔……〕数的厳密性より出発して具体的生命へと彼は降りて来たのである」。[30] 他方、ハイデガーは「具体的生命そのものの自照より出発して、本質構造にまで昇り行かんとする」。カッシーラーとハイデッガーの対立を前提としながらも、[31] 中井は両者の交叉に関心をよせている。また、中井は函数性と実存在との「深い連絡」に注目し、ある場合には「命の中に、実存在の中に函数はみずからを浸している」とのべている。「一度函数性が生命に等値的射影をエグジステンチエルに移動したとするならば、堤はすでに決せられたのである。滔々たる生命の奔流が、乾いてゐた整然たる掘割に、満ち漲りあふれほとばしるのである」[32]。函数と生命を関連づけた後、中井は「射影」を再定義する。それは「認識と対象との一致〔……〕のみを指さない」。「射影」は「一つの邂逅」なのであり、「行為において発見されたる関係の構造」である[33]。それは「ありかた existentia」によって「それが何であるか essentia」

---

(29) 一九三〇年頃における中井の論考のうち、ハイデガーの存在論への関心を顕著にしめすものとしては、一九三〇年に発表された「絵画の不安」、一九三一年の二論考、「芸術的空間　演劇の機構について」および「芸術の人間学的考察」などがある。また、一九二九年の「発言形態と聴取形態並にその芸術的展望」の末尾にハイデガーに関する言及がある。

(30) 中井正一「ノイエ・ザッハリッヒカイトの美学」『美・批評』第一七号（一九三二年五月号）、五頁。

(31) エルンスト・カッシーラー／マルティン・ハイデガー／トーニ・カッシーラー、岩尾龍太郎・真知子訳『ダヴォス討論』《リキエスタ》の会、二〇〇一年を参照。

(32) 中井、前掲論文、六頁。

(33) 同書、七頁。中井における射影の概念は、時期によって異なるように思われる。「模写論の美学的関連」（一九三四年）では、意識が行動の射影的関係と規定されており、反射としての直接射影、反映としての上部射影、模写としての基礎射影に分類されている。とりわけ、認識の達しない深さにおいて自らの状況を正射影し、把持しているところの「基礎射影」が重要な意味をもつ。戦後の論考では、フッサールの時間論との関連で「射影的連続的今」という言葉がもちいられている。「〔……〕音が連続している場合、その連続の全ての点に於て、薄れゆく過去の全系列が射影している。この流れ行く現在の一点に、全ての過去の全系列が射影していることで、我々は一つの連続した意識を持ち、全ての点も又連続を有つのである。」中井正一「芸術に於ける媒介の問題」『思想』第二七五号（一九四七年二月号）、三〇頁。

を把握することである。

中井における機能論と存在論の相補的利用は、「ノイエ・ザッハリッヒカイトの美学」の後も継続されていくのだが、それに伴う変化についても言及しておく(34)。まず、「Subjekt の問題」（一九三五年）では、「ハイデッガーのエピゴーネンとしてのオスカー・ベッカー」に対して「半封建的な血的主体性」という言葉がもちいられている。また、「模写論の美学的関連」（一九三四年）では、機能論と存在論にくわえて、唯物論的立場が付加されているのである。

二　集団の概念と集団的思考の模索

関係性、共同性、逆関係的否定性

「委員会の論理」、あるいは『美と集団の論理』等のタイトルがしめすように、中井にとって集団は重要な問題の一つである。集団という、この日常的な言葉を彼が独特の文脈でもちいたことは留意すべきである。二篇におよぶ「機能概念の美学への寄与」を発表したのと同じ年、中井は「集団美」という文章を書いている。遺稿から見出され、一九三〇・五・十五と日付が記されたこの手稿の中で、中井は集団について次のようにのべている。

「公衆の言葉の感じには、一つの中心に関連をもつ「混沌《カオス》としての多数」の意味がともなっている。しかし、集団の言葉の感じには、機能《フンクチオン》とその複合《コンプレックス》、すべてがその要素であり、その要素相互間の統制による「秩序《コスモス》としての多数」の意味がともなっている。どこかに中心体があるのではない。むしろ固体が常に重々無尽に全体に浸み透っているところの一つの関連形態である」(35)。

機能という言葉が端的にしめすように、中井にとっての集団は、単に実体としての個人が集まったものではない。それは要素相互間の統制による「秩序《コスモス》としての多数」でありながら、しかも、「中

---

(34) ヴィクトル・ファリアスやジャック・デリダの著作などハイデガーとナチスの関係に関する文献は数多いが、ここでは一九三〇年代日本における文献を指摘しておく。「ハイデッガーと哲学の運命」（一九三三年）における三木清の指摘によれば、ハイデガーのナチス入党が報道されたのち、田辺元は『東京朝日新聞』で批判を書いたという。また三木自身、「不安の思想とその超克」（一九三三年）でハイデガーを含めた不安の哲学への批判をおこなっている。「不安の哲学が自己の転化を企てるとき、容易にファッシズムの哲学ともなり得るのである」、と（『三木清全集　第十巻』岩波書店、一九六七年、三〇一頁）。しかし、町口哲生は、三木の東亜協同体論を論じるなかで彼とハイデガーをパラレルに論じている。「ハイデガーが〔……〕初期ナチズムにドイツの運命に対する歴史的な可能性を見たように、三木も『東亜協同体』の原理、すなわち『協同主義』哲学の中に、日本の、さらに東亜の運命についての歴史的な可能性を見、そのイデオローグとして決意を表明した」。町口哲生『帝国の形而上学　三木清の歴史哲学』作品社、二〇〇四年、二〇二頁。

(35) 中井正一「集団美」、久野収編『中井正一全集2』美術出版社、一九八一年、一八四頁。

心体」を欠いた関連形態である。

集団を論じるさい、中井は、しばしば、スポーツや映画など、具体的な対象に言及しており、それに応じて集団の異なる側面が浮き彫りにされていく。まず、スポーツにかんする記述に注目してみよう。ボートのチームについて中井はのべる。「自分と云ふものは他のシートとの各々の特殊なる機能と部署に従つて、共同相互存在としてのみその存在の意義をもつのである。しかも、スポーツに於て浮上り来るものは〔……〕むしろその相互の共同性そのものなのである(36)」。ここで中井は、機能概念と存在論的タームを併用しながら、スポーツの共同性を論じている。しかも、彼はチーム間で生じる妨害行為についても指摘している。「ボート、ランニング、水泳その他フィールド競技の多くのものは競争において、単一的であるに反して、野球、蹴球、のごときものは多くの要素の複合であると同時に、逆方向すなわち妨害行為を含んでいる意味で二方向的である。〔……〕後者は明らかに逆関係的否定性が包含されている(37)」。チームの共同性のみならず、チーム間の対立についても中井は指摘していたのである。私たちは、この記述を単なる妨害行為についての指摘に矮小化すべきではない。集団は相互依存的な関係性において把握されているのであり、そのようなものとしての集団間の葛藤を注視しなければならない。

人間性と機械性の複合

つぎに、中井の映画論に目を転じてみよう。そこで浮き彫りとなるのは中井にとっての集団が人間だけで構成されるものではないという点である。一九三一年、『美・批評』に発表された論考「物理的集団的性格」のなかで中井は、集団的な映画制作の過程を社会的集団的性格と呼んでいる。[38] 資本主義的な外貌をもつとはいえ、会社、工場、学校、軍隊、新聞、雑誌にみられるように、時代はすでに集団的性格を交渉の単位とするようになっていた。この社会的集団的性格に対応するのが物理的集団的性格であり、それは、機械性と人間性の複合による映画制作の形式を例として説明されている。これら社会的集団的性格と物理的集団的性格は切り離されたものではなく、相互に働き合うものである。一方では、機械に見られるように、物理的集団的性格の構成体は社会的集団的性格によって産出される。他方では、レンズとフィルム、真空管は感覚それ自体のなかに浸入し、それは、いわば社会的集団的性格の「神経組織」となる。

論文「物理的集団的性格」がしめすように、中井における集団の概念には人間性と機械性の複合という特徴があった。中井のものではない言葉をもちいて、私たちはそれを異種混淆性と呼び

(36) 中井正一「スポーツ気分の構造」『思想』第一三二号（一九三三年五月号）、九九頁。
(37) 中井正一「スポーツ美の構造」（執筆年月不明）、久野収編『中井正一全集1』美術出版社、一九八一年、四二八頁。中井はこの直後、ラグビーにおいて「見えざる力の波紋が二方向的に作用する」ことに言及する。ラグビーも、中井にとって「逆関係的否定性」を含む二方向的なものと考えられている。これが重要なのは、言語論におけるラグビーの比喩において、中井が「発言と聴取の両形態を二つの対立するチーム」とのべているからである。
(38) 中井正一「物理的集団的性格」『美・批評』第八号（一九三一年五月号）。

うるかもしれない。ただし、中井は人間性と機械性を相似的なものとして捉えていた。「物理的集団的性格」において、組織意識は「一つの集団の欠くべからざる位置づけにおいて自我をハッキリ見いだすことである」と規定されている。他方、機械の構成は「機能的、いわば函数的」であり、「機械の構成体の一部をなす歯車の一回転も、その全組織の構造の欠くべからざる一要素である」。中井は、機能概念の見地から、人間性と機械性を位置づけたうえ、両者を相似的に把握しているのである。また、「物理的集団的性格」に先だって発表された「機械美の構造」では、人間を機械と考える発想が提示されている。「自然界の組織の数学的解釈と分析は自然科学の報告が示すごとく、深い最も深い機械であることを告げてゐる。殊に人体の生理の示すがごとく『人間』は機械の出発点であるとともに深い機械の小宇宙であらう」(39)。ここに見られるのは、自然と人間の中に機械を見出す思考である。したがって、人間性と機械性の複合という発想のみならず、自然と機械、人間と機械の交叉に注目する発想が中井の論考にふくまれていることになる。この時期の中井にとって、自然と機械、人間と機械はかならずしも異種とはいいきれないものであれば、厳密には異種混淆性という規定は妥当しないであろう。

芸術の集団的組織化と集団的思考

一九三〇年代初頭、中井は、関係論的思考から集団を論じていたが、彼にとっての集団は人間性と機械性の複合という特徴をもつものでもあった。このような集団をめぐる探究は、芸術における集団的組織化の動向を手掛りとして集団的思考のモデルに展開する。一九三二年の論考「思想的危機に於ける芸術並にその動向」で論じられたのは、芸術における創作的構造の転換である。当時、芸術の集団的組織化が進行しており、個人の領域から社会的構成の領域へと芸術の創作的構造は転換しつつあった。たとえば、映画に見出せるのは、「レンズを眼とし、委員会を決意とし、企画をその夢想とし、統計をその反省とするところの一つの利潤的集団的機関である」[40]。中井の

(39) 中井正一「機械美の構造」『思想』第九三号（一九三〇年二月号）、六五頁。
(40) 中井正一「思想的危機に於ける芸術並にその動向」『理想』第三五号（一九三二年九月号）、一二三頁。なお、この論考が掲載された『理想』では、「思想的危機の検討」が特集されていた。巻頭論文は三木清の「危機意識の哲学的解明」である。彼はそこで、思想の危機の時代には、その真偽ではなく、進歩的か反動的かといった思想の性格、すなわち「思想の効果」が問題にされることを指摘している（「危機意識の哲学的解明」『三木清全集　第五巻』岩波書店、一九六七年、三 - 四頁）。三木は、これ以前にも思想の危機について論じている。「危機における理論的意識」（一九二九年）によれば、思想の危機は、特定の思想が反対の思想へ転化することである。当初、思想の自己同一性を維持しようとする限りにおいて、思想の転化は危機として現れる。しかし、自己批判を通じて自己の制限性や偏見が自覚されることになり、対立物への推移が生じる。この推移が思想の危機であり、したがって、危機的とは批判的ということである。このように規定された思想の危機について、三木は、それが思想の運動と発展を生み出すものとして肯定する。このような三木の立場の前提は弁証法的思考である。そこでは自己に矛盾するものへの転化、すなわち危機を通じて思想が発展するものと捉えられているのであり、危機はもはや危機ではなくなるとされる（三木清「危機における理論的意識」、『改

目論見は、芸術のあらたな動向に追随することではなく、集団的組織化の動向に追いつき、それを追い抜くことである。個人主義機構と対比しながら、彼は集団主義機構を素描している。まず、個人における被投（Geworfen）の機能として記憶があるように、集団においては記録がある。個人における投企（Entwurf）の機能に対応する構想は、集団における企画である。個人における技術が心身の関係にあるとすれば、集団における技術は機械、組織、統制に対応する。個人における思弁は集団では「委員会的討議」であり、個人における反省は集団では「批判会」である。

芸術における創作的構造の転換を手がかりとして中井は集団的思考のモデルを素描しているのである。彼はさらに集団主義機構に対応する新たな美学に言及している。従来の美学は心身の関係における統制的調和の状態である快感から出発したものの、それは個人を前提とするものであった。集団主義機構においてそれに対応するのは、組織的感覚だと中井はいう。この組織感は、ラグビーなどのスポーツにおける集団的実存の快感のみならず、新聞、映画、ラジオなどの機械と組織を技術とするところの快感、さらには編集やモンタージュ、組立て等のもつ美感などをふくむ。中井における集団の概念が人間性と機械性の複合という特徴をもつことを考慮すれば、組織感と機械との関連も意外なものではない。

集団の美という問題設定に起因するものであろうが、論文「思想的危機に於ける芸術並にその動向」は、組織における快が頻繁に言及されるという点で、危うさを孕んでもいる。また、個人主義機構と集団主義機構との対比はきわめて図式的である。しかし、「委員会の論理」との関連という意味では、この論考は注目に値する。第一に、従来から指摘されてきたように、集団主義機構の分析は、修正を施された上で「委員会の論理」に組み込まれている。第二に、思想的危機の問題は、思想や芸術を内在的に論じるのではなく、それらと社会との関係を重視する場合に成立する。観念と社会の関係に着目することは、「委員会の論理」にみられるように、中井における機能概念への評価を変える一契機になったものと思われる。第三に、術語が変更されるとはいえ、思想的危機の問題は「委員会の論理」で再び論じられており、実践の論理を要請する重要な前提となっている。では、委員会の論理へと議論をすすめるまえに、思想的危機の問題について検討することにしたい。

造』（一九二九年一月）、『三木清全集　第二巻』岩波書店、一九六六年、二四二頁）。歴史的なコンテクストから切り離した場合、三木の議論は興味深い点を含んでいるかもしれない。だが、私たちにとっての関心は、思想の危機をめぐる弁証法を提示した三木の議論が、三〇年代においていかなる思想的効果を発揮し、またいかなる変節を体験したのか、という点にも向けられるはずである。

三　思想的危機と近代性

思想的危機の二つの概念

論文「思想的危機に於ける芸術並にその動向」（これ以降、危機論文と略記することがある）[41]で中井は、芸術の集団的組織化に対応する新しい美学と集団的思考のモデルを素描していた。この議論のなかに、私たちは文化における危機の問題を見出すことができるであろう。文化（culture）という言葉は、農作物の栽培や動物の世話といった用法をはじめとして、精神の修養、芸術、民衆文化、生活様式、意味作用の実践などの意味でもちいられる多義的な言葉である。[42]これに対して、危機論文で中井が論じたのは思想と芸術の危機である。そこでは思想における商品化や専門化の進行、また芸術における創作的構造の転換、すなわち個人主義的機構から利潤を目的とした集団主義機構への転換が論じられていた。

中井が危機論文を執筆したのは一九三二年のことであったが、一九三六年には戸坂潤が「文化の危機とは何か」と題する小論を発表し、ファッショ的文化政策を進める口実として「文化の危機」を強調する風潮について指摘している。[43]文化的危機をめぐる言説に対して中井の危機論文が果たした役割の分析をここで行うことはできないが、彼の危機論文は、その企図において、それらの言説と異なることは疑い得ない。本稿では、相互転換との関連から中井の危機論文を読み、可動の境界という発想から中井の転向を論じる余裕はないので、[44]以下では、中井の危機論文でいかなる議論がなされ、また、どのような方途に向かっていたのかについて確認することにしたい。

(41) 中井はこれ以外にも「危機」をタイトルに含む論文を執筆しており（「現代美学の危機と映画理論」（一九五〇年）」、それは「思想的危機に於ける芸術並にその動向」と密接な関係にあるが、一九三〇年代前半のテクストを中心に扱う本稿では両者の比較はおこなわない。なお、「現代美学の危機と映画理論」に関しては、以下の拙稿で言及したことがある。「中井正一の思想と映画――ポピュラー・カルチャーの社会学」『年報人間科学』大阪大学人間科学部社会学・人間学・人類学研究室、第一九号、一九九八年。

(42) 文化（culture）の現代的意味については下記を参照。Robert Bocock, "The cultural Formations of Modern Society", Stuart Hall, et al. (ed), *Modernity*, (Cambridge: Polity Press, 1995), pp.151-154.

(43) 戸坂潤によれば、文化の危機とは、学究的・技術的な水準の低下ではなく、ブルジョア的な旧思想文化の支配力が後退すること、すなわち旧思想文化から見た危険を意味する場合がある。文化危機を強調し、これを救済するとして生じたのがファッショ的文化政策であり、皮肉にも、文化救済そのものが文化危機を引き起こしているというのである。戸坂は特に、日本の文化政策が「思想水準の高まりを抑え」るために社会科学が冷遇されている状況を指摘する。「日本の政府が自然科学の奨励には最近相当に熱心であることを忘れてはならぬ。〔……〕他方に於ては法文経の帝大を私大に払い下げるという観念さえ生じ得る。〔……〕これは決して法文経の帝大卒業生が役に立たぬとか社会にとって不用だとかいうだけではない。思想的に困るからなのだ。」戸坂潤「文化の危機とは何か」（一九三六年）、『戸坂潤全集　第五巻』勁草書房、一九八八年、六六頁。

(44) 三木清を論じたさい、久野収は抵抗と協力の境界線が移動する錯綜した状況についてのべていた。「時々刻々、抵抗線がくずされていく状況の中では、どこまでが抵抗で、どこからが協力になるか、そのけじめははじめからみわけにくいのは、当然である。」久野収『三〇年代の思想家たち』岩波書店、一九七五年、一〇二頁。

論文の冒頭では、二通りの思想的危機が言及されている。第一は、中井の立場とは異なるものであり、機械化と大衆化によって現代を呪詛する人にとっての思想的危機である。これらの人々は、冷たい鉄と歯車で人間の血汐を搾りとる残忍な機械の姿を想像し、あるいは、高雅な貴族に対する下碑な衣をまとった俗衆の姿を想像する。その背景には、機械と大衆によって文化に危機がもたらされるという恐れがある。このような発想は、私見では、人間と機械、貴族と俗衆という不動の境界を前提とする実体概念的思考だと思われる。

物質的機械化に文化の危機を見出す見解に対して、中井はむしろ精神的機械化の方により大きな危険性があるとする。精神的機械化とは文化の専門化であり、職業化である。この分化にしたがって技術的な専門化も進行する。これらの過程を中井は「人間の一般的機能化」と呼び、それが文化に及ぼす影響として大衆化を挙げる。専門化と大衆化を対立的に把握する見解とはことなり、この論文で中井は専門化と大衆化を相関関係において把握している。彼によれば、精神的機械化、あるいは文化の専門化が進行することによって「凡ての専門家は凡ての他の機能に於て俗衆である、と云ふ構造をもつて来る」(45)。逆説的ではあるが、文化における専門化の進行によって「各々の領域に於ける専門家は他の領域に於て専門外」であるという事態が生じる。この論考で中井は、この逆説的な事態を大衆化と呼んでいるのである。彼の見るところ、思想的危機の罪は、物質的機械および大衆ではなく、むしろ精神的機械化としての科学の孤立や時代相への孤立にあるのであり、また、お互いに大衆となっていることに気づかない精神的貴族化にある。

思想的危機の意味を確認したうえで、中井は思想と芸術において進行する機械化と大衆化を検討する。中井によれば、まず、真なるものの領域では、思想における商品化と分業の進行は縄張的現象や類型的標準化をひきおこし、「自らへの批判」という重要な任務が雲散霧消しはじめるという「思想そのもの丶危機」が生じている。美の領域においては、芸術の創作的構造が利潤機構と集団的組織によって再編制されることにより、個人的ロマン主義が掲げた天才と創造と美の観念は自己矛盾に陥り、「空疎な抽象」と化してしまった。個人主義勃興期において封建主義に対抗するために確立されたさい、ロマン主義の天才と創造と美の観念は正当な権利を保持していたが、それは次第に放恣と個人性と非真実性へと堕することになったのである。

近代性の影

知的領域における分業、あるいは専門化の進展によって逆説的にうみだされる大衆化の状況。専門化過程の反転としての大衆化は、利潤経済に結びつくことによって、哲学的思索や芸術に行きわたりつつある。思想的危機の分析で中井は、商品化、専門化、大衆化との関連から思想と芸術の危機を記述しているのであるが、これは近代性をめぐる文化社会学的分析に資するものといえるであろう。一九三二年の論考で中井が「思想的危機」と呼んだものは、専門化や商品化が

(45) 中井正一「思想的危機に於ける芸術並にその動向」『理想』第三五号（一九三二年九月号）、一一七頁。

思想と芸術にもたらした諸帰結に対応している。しかも、これらの現象は単純な過程ではなく、ある種の反転と見なされていたように思われる。専門化過程の徹底化した果てに大衆化が生じる一方、個人主義的芸術は、利潤機構の弁証法的転回の線にそって集団的構成の中に転成した。一九三〇年代初頭、中井は、思想と芸術の領域において、リミットに到達した近代性の反転を見出していたかのようである。

中井による思想的危機の分析は、機械と俗衆によって文化の危機がもたらされるという見解を批判するものであった。しかし、彼の分析は、中井にとって、「よりよき組織を希望する」ための準備作業であったことにも留意する必要がある。すでに第二節で確認した通り、中井は芸術の集団的組織化を自由におこなっていた映画に言及しつつ、集団的思考のモデルを素描した。そこでは、個人における記憶、構想、思弁、反省に対応するものとして、集団における記録、企画、委員会的討議、批判会が指摘されていた。しかしながら、集団主義機構の構想は、単に集団の美学を模索する手段であっただけではなく、専門化や商品化、利潤的集団的組織化がもたらした思想的危機を乗り越える道を指し示す試みとしても考えられる。それは、いわば「よりよき組織を希望する」ための準備作業であり、集団主義機構の構想は、近代性の影を活写した中井が提示した一つの可能性である。

四　委員会の論理

「委員会の論理」において、思想的危機という言葉はもはや中心的役割を果たしていない。とはいえ、のちに考察するように、無批判性と無協同性という言葉に換言されて論じられるのは思想的危機に関連する問題であり、それは実践の論理を要請する重要な前提として位置づけられている。思想的危機の問題と集団的思考のモデルは、危機論文から「委員会の論理」へと継承されているのである。

ただし、これら二論文には相違もある。「委員会の論理」で特徴的なのは、機能概念への評価が変化していることである。一九三〇年当時、中井が敢行した種々の理論的転回にとって、機能概念は無視しえない意義をもっていた。ところが、一九三六年の「委員会の論理」では、機能概念は中井自身によって限定的に批判されている。一方では、歴史上にあらわれた論理の一つとして——帝国主義の時代において進行した知の数学化の一例として——機能概念は相対化される。他方、機能概念は技術の論理に寄与することが指摘される。したがって、「委員会の論理」では、機能概念は完全に放擲されていないとはいえ、その否定的帰結が論じられているのである。かつての集団概念——相互依存する関連形態——が機能概念と結びついていた以上、機能概念への評価の変化は集団や集団的思考の概念と無関係ではないはずである。[46]では以下において、初出時の区切りを踏まえつつ[47]、「委員会の論理」の枠組みを確認したのち、思想的危機の問題と機能概念の批判、さらには集団的思惟のモデル等を考察することにしたい。

「いわれる論理」、「書かれる論理」、「印刷される論理」

まず、上篇（一節〜五節）で提示されるのは、各文化段階における論理の歴史にかかわる図式である。論文の筆頭、中井は論理の概念規定が曖昧であることに疑問を呈する。彼は変化的現象を超越した世界に論理をみいだすことではなく、文化の推移において論理がはたした役割の考察が重要だと宣言する。この見地から記述されるのが、古代文化[48]、中世文化、近代文化における「いわれる論理」、「書かれる論理」、「印刷される論理」である。

中井によれば、古代ギリシアにおいて、人々をして論服せしめるための合理性が論理の形態にしみこんでいた。また、氏族制の崩壊と奴隷制の爛熟期において、論理の発生する酵母は街の広場であった。このように、今日、私たちがメディアと呼ぶもののみならず、論理をうみだした場所や社会制度についても中井は言及しているのである。

「言ふこと」においては、多くの人がその言葉を様々に「解釈すること」や対立的な論争が可能である。これに対して、「羊皮紙に書くこと」の場合、言葉の理解において「一方的」で「一義的な意味志向」が要求され、一つの言葉が一つの意味を志向するという考え方が成立する。「書くこと」の成立過程に対応するのは奴隷制の自己崩壊と封建的宗教制度への移行であり、教会に

(46) 馬場修一「大衆化の論理と集団的主体性—戸坂潤・中井正一・三木清の場合—」、江藤文夫・鶴見俊輔・山本明編『講座コミュニケーション6　コミュニケーションの典型』(研究社、一九七三年)、一五四－一五七頁参照。この重要な論考で馬場は、中井の集団概念は、当初、機能概念として規定されていたが、「委員会の論理」ではその限界が明示されるようになったことを指摘し、さらに、「中井が最後に最も注目するのは、ヘーゲルの主体性概念であった」とのべていた。もっとも、中井の理解において、否定性の思考はヘーゲルのみならずカントとも結びついていたようである。「〔……〕カントの方法の中にはすでに後にヘーゲルに達するところの弁証法的自己否定の考えかたが先導しているのである」。(中井正一「行動の意味」、久野収編『中井正一全集3』美術出版社、一九八一年、三二三頁。) 馬場の論考と比較した場合、本稿の特徴と思われるのは、関係論の導入および形而上学的対立への批判という文脈で中井の機能概念を再考した点、また逆関係的否定性に関する指摘をおこなった点、そして集団的思考における危機的契機をより重視した点があげられる。

(47) 今日、私たちが「委員会の論理」を読む場合、一つに編集された論考を読むことが通例となっており、初出時における各篇の区別は、多くの場合、忘却されている。けれども、初出時における各篇の区別を意識することは無意味な行為ではない。『世界文化』では、上・中・下の三篇に分割されて「委員会の論理——一つの草稿として」が掲載されていた。初出時の副題がしめすように、「委員会の論理」は当初から完結し、首尾一貫したものとして提示されていたわけではないのである。たとえば、上篇から下篇にむかうにつれ、「委員会の論理」に関する構想を要約した図式は微妙に修正をほどこされ、実践の論理の位置づけは次第により重要なものとなる。初出時における各篇の区別を考慮することは、「委員会の論理」というテクストに生成の痕跡をみいだす契機となるのではなかろうか。

(48) 中篇冒頭で、上篇の内容を要約する際、中井は「古典文化」という言葉をもちいていたが、下篇冒頭の要約では「古代文化」という表記に変更している。これに対して、美術出版社版の中井正一全集では「古代文化」

対する哲学の従属である。この社会的背景のなかで「書くこと」の作用は中世における瞑想の意味を分裂させ、聖書を解釈する論理と常識的な認識の論理という背離をうみだす。

交通の発達と商業の勃興によって紙と印刷術が広がったのち、活字的な思惟形態があらわれる。「羊皮紙に書くこと」の段階で言葉の理解に一義的な意味志向が要求されたのとはことなり、「印刷される論理」においては、言葉が活字として公衆に手渡されるとき、公衆の生活経験と周囲の情勢にしたがって「解釈される可能の自由」があたえられる。このような言葉の解釈の新しい形態によって、ジャーナリズムなる新たな公衆性がうみだされる。

機能概念への批判

「いわれる論理」、「書かれる論理」、「印刷される論理」を説明するさい、中井は数多くの哲学者の名に言及している[49]。注目したいのは、中井が、一九世紀後半から二〇世紀初頭の論理学書に見られる論理の函数化の傾向を指摘していることである。

「『論理学』の名を冠して七三年にシグワルトによつて出版されてより、欧州大戦に到るまで、論理学は巻を追ふて一つの傾向を辿つてゐるのを見るのである。私達が今論理学と云つてゐる概念、即変化的な現象を離れて論理には永遠の世界があると云ふ考へ方である。それは二八年のヒルベルト・アッケルマンの『理論論理の基礎』及カルナップの近業に至つてその極致に達するところの論理の数学化である。〔……〕彼等は論理を形成するにあたつて、新たに急激に発達せる数学的発達に目を転じたのである。〔……〕そして八三年のカントールの『集合論』以後彼等は俄然自らの中の数学的な厳密性に深入りするのである。ヒルベルト・アツケルマン及カルナツプに至つてそれはその極致を見るのである。それを一言にするならば、論理の函数化がそこに行はれた事である」(50)。

一九世紀後半から二〇世紀初頭の論理学書のなかに、数学をモデルとした論理形成の傾向がみいだせる。その傾向に関連するのは、論理には変化する現象を離れた永遠の世界があるという発想である。他方、「委員会の論理」における中井の発想はこれとは対照的なものである。変化的

に統一されているため、「委員会の論理」での表記の揺れについては気が付きにくくなっている。上篇から下篇にいたる過程で生じた表記法の相違は枝葉末節に属する事柄ではあるけれども、「委員会の論理」を連載する過程でこの論考が生成・展開していったことを想像する契機になるかもしれない。

(49)「いわれる論理」の段階では、プラトンやアリストテレスが、また「書かれる論理」の段階では、スコトゥスやオッカムなどがあげられている。そして、「印刷される論理」の段階では、経験の論理を展開したものとしてカントの第一批判が論じられ、また行動の論理としてフィヒテ、ヘーゲルが言及されている。

(50) 中井正一「委員会の論理（上）——一つの草稿として」『世界文化』第一三号（一九三六年一月号）、一五頁。なお、「委員会の論理」については小学館の復刻版を参照。

現象を超越した永遠の世界に論理を位置づけるのではなく、文化の推移において論理がはたした役割を彼は考察したからである。さらに、先の引用箇所とは異なる部分においてだが、論理の函数化をしめす論理学書としてカッシーラーの著作が言及されていることも留意しておきたい。そして、論理学における函数化の傾向性を指摘したのち、中井はその背景および問題点についてのべている。

「この段階に於ては、経済体制は金融的体制への深化と共に帝国主義的段階、即欧州大戦へと凡ては動いてゐるのであつて生活の隅々まで高度の数学の要求さる、時であり、しかも、この重工業的生産機構は、その生産物も亦その間に伍する人間そのものをも、その出発点よりよほど異つたものにまで導いて行つたのである。概念の世界では、論理は記憶的表象の総合を脱して、函数的エレメントの複合構造に転化して来るのである。そこで起つて来ることは論理の一般大衆からの分離である(51)」。

ここで問題とされているのは機能概念の応用ではもはやない。むしろ社会的コンテクストとの関連から機能概念が照射されているのである。資本主義が帝国主義段階に達し、第一次世界大戦へとむかう時代、重工業的生産機構によって生産物と人間が変貌する。概念の世界では、論理の函数化が進行しており、論理は「記憶的表象の総合」から「函数的エレメントの複合構造」に転化する。この段階で生じる現象は「論理の一般大衆からの分離」である。論理学の方法は専門化して特殊で高度なものと一般的な三段論法に分裂しはじめ、科学技術のつくりだす物の概念の決定においても分裂が生じる。専門的技術家だけが機能概念的に思考する一方、大衆は実体概念的思考にとどまる。「論理の一般大衆からの分離」という指摘のなかで注目すべきなのは、第一に、かつての逆説的な大衆化の概念――専門化過程の徹底化によって専門家は相互に俗衆になる――とは対照的に、専門家と大衆の乖離が強調されていることである。第二に、専門化のもたらした問題を考察するさい、機能の論理とその帰結が俎上に載せられている。つまり「委員会の論理」第四節では、機能概念の相対化につうじる記述がなされているのである。三〇年代初頭の論考で、中井は機能概念とその適用可能性を考究し、固定的な形而上学的二分法への批判、および関係論的思考を美学的問題に導入した。これを想起するならば、「委員会の論理」において機能的論理への批判が見られるようになったことは興味深い変化というべきであろう。

危機の時代と媒介としての論理

上篇では、「いわれる論理」、「書かれる論理」、「印刷される論理」の各々は、社会制度との関

(51) 同書、一五－一六頁。

連で論じられていた。氏族制度や奴隷制度、封建制度、商業制度、産業制度、金融制度などがそれである。そこに見いだせるのは、社会制度が論理を規定するという発想のみならず、論理としての観念が、社会制度の転換する時代において、一定の役割を果たすという発想である。

中篇の冒頭（第六節）で中井は「前号を見ざる人」の便宜をはかって、上篇の図式的な要約を試みている。しかし、実際は、上篇末尾で提示した図式と比較した場合、論理と文化、論理と社会制度の関係がより強調されており、また媒介としての論理についての新たな説明が加えられている。それによれば、「論理は常に一つの制度の崩壊とその他のものによる再編制とによる危機に於いて、何等かの特有な役割を演じてゐる」[52]。つまり、制度が新たな制度に転換するさいに論理はその媒介となるのである。社会変動における媒介の役割を演じた合理性それ自体もまた「他のものに転換」されるのであるが、他方、それは次の時代の新たな合理性のなかに保持される。このようなロジックを前提として、各段階の合理性は、累積と再編制をへて、委員会の論理を構成するという議論がみちびかれる。

中篇の冒頭で、論理の媒介としての特徴が補足説明された後、議論は急に歴史的文脈から離れる。そして「いわれる論理」、「書かれる論理」、「印刷される論理」の各々は、討論、思惟、技術、生産という言葉に換言されて論じられることになる。

思惟と討論の区別と連続

中篇の第七節で中井は思惟と討論の区別を説明している。まず、思惟の領域における**確信**は、判断的是認であり、意味の質的構成である。他方、討論の領域における**主張**は、一つの判断的是認の量的な拡延を要求することである。思惟における確信および討論における主張は、それぞれ意味の質的方向と量的方向という二つの方向軸に対応する。そして両者の区別を鮮明にするのは**虚言の構造**である。**虚言**は、内的な確信において肯定しているものを外的な主張において否定をもって承認を求めること、あるいはその逆である。

第七節とは対照的に、第八節では、討論と思惟の連続性が説明される。そこでもちいられるのは否定判断の構造である。否定判断は、単なる判断の拒否ではなく、現象の再検討によって一つの〈問い〉を評価的に回答することである。たとえば、「この薔薇は赤くない」という否定判断の場合、まず「この薔薇は赤くないだろうか」という〈問い〉がつくられ、その後、追加的にその〈問い〉が評価されて否定に達すると考えられる。つまり、否定判断は二次的な回答的評価である。それは静座標的な範疇ではなく、自己分裂する動座標的なロゴスである。しかも、回答的評価は、現象への再検討によって果たされるという特徴をもつ。それは現象の検討によって成立

(52) 中井正一「委員会の論理（中）——一つの草稿として」『世界文化』第一四号（一九三六年二月号）、一六頁。なお、媒介としての論理については次の著作の第三章で論じられている。竹内成明『闊達な愚者　相互性のなかの主体』れんが書房新社、一九八〇年。

する推論であり、思惟の反省よりむしろ**社会組織的批判**がふさわしい。

中井によれば、否定判断は、判断の単なる否定ではなく、思惟の内部で生起した〈問い〉に対する回答的評価である。私見では、それは個人の思惟のなかに〈問い〉と回答的評価を位置づけることであり、それによって思惟と討論の連続性が強調される。[53] しかし、ここまでの議論では、聴き手が扱われていないため、思惟と討論の連続性を十分に示すにはいたっていない。第八節の後半になると、**いう**立場のみならず、**聴く**立場も言及されている。まず、いう立場とは、思惟の回答的評価をへて確信にいたった表象結合を討論における主張へと転じたものである。これに対して、聴く立場は、討論で主張された表象結合について承認をもとめられる人々の立場である。

いう立場と聴く立場の連続性を説明するさいに鍵となるのは、無関心とそれを生起させる〈問い〉である。無関心点は、肯定、否定からその度を弱めるにしたがって到達する、肯定も否定もあらわれていない地点である。無関心には批評的なものと絶対的なものがある。批評的無関心は、論究の後で肯定と否定が保留されている場合に現れるものである。これに対して、未だ判断がなされていない場合に存する絶対的無関心は〈問い〉によって出現する。〈問い〉において、表象結合は完成しているが、評価は保留のままである。興味深いのは、評価の中止は、思惟の領域のみならず、討論で承認を求められる人々にも見いだせることである。思惟の後に確信するにいたった一つの表象結合を、判断を保留しつつ内的評価した後に主張に転じたのがいう立場だとすれば、討論でその表象結合を聴く人々もまた評価を保留する。「一度成立した自分の確信をながめてゐる自分の立場と、その確信の主張を聴いている他人の立場」とは、判断の評価的層としては同質的である。評価の明瞭な中止、すなわち蓋然的判断という点において、いう立場と聴く立場に中井は連続性を見出している。

技術と生産

中篇の後半である第九節、および下篇前半の第十一節では、技術の論理と生産の論理が論じられている。すでに拙稿で論じたように[54]、中井は機能概念に由来する相互転換の論理を技術に適用している。まず、第九節で中井は、実体概念から機能概念への展開を要約的に説明したうえで、かつて実体概念の抽象性を克服すると考えられた機能概念が「再び抽象化の中に転化した」と批判している。ただし、機能概念が放擲されたわけではない。彼は「かかる論理の傾向の中より何を学び取るべきであるか」をも問題にしているからである。抽象化という陥穽のみならず、技術の論理に寄与する可能性が指摘されている以上、機能概念に対する評価はアンビヴァレントなも

(53) 思惟と討論の連続性についてはこれまでにも論じているが、本稿での議論は下記の拙稿での見解を修正したものである。門部昌志「中井正一における集団的コミュニケーションの観念」『県立長崎シーボルト大学国際情報学部紀要』第五号、二〇〇四年。
(54) 門部昌志「技術と媒介の社会学」『年報人間科学』大阪大学人間科学部、第二〇号、一九九九年。

のである。

技術の論理を展開するさい、中井は、まず、技術を生産力との関連から位置づけている。生産力の構造は、労働力、労働対象、労働手段から構成されるものであり、技術は労働力と労働手段の特殊な連絡構造である。

つぎに、中井は、機能概念の発想によって技術を論じる。かつて航行する風船は、あらゆる論理書において、虚偽概念の例証としてもちいられていたが、ツェッペリンは現実の概念となった。技術は「非現実の概念を現実の概念に転換する」のである。実験の行動性をへることにより、技術による非現実と現実の相互転換はすべてを人間的目的的活動の系列にむかって組み替える。自然の論理は、可能と不可能、偶然と必然、現実と非現実の対立を前提としているが、技術の論理はその二つの存在領域を一方より他方へ、他方より一方へと、人間的目的的方向に向かって引き曲げるものである。「自然の論理が一方的であり、直流的であるならば、技術の論理は相互転換的であり、交流的である[55]」。

こののち、中井は、機能概念をもちいて、現象形態としての技術の論理に言及する。「機能概念の美学への寄与」と同様、そこでは窓の例がしめされる。記憶表象に基づく実体概念とはことなり、機能概念では、照明、通風、展望度という三要素の関数的複合体が窓の概念となる。ただし、「委員会の論理」では、硬質ガラスの発展によって生じる変化が言及されている[56]。たとえば、壁全体がガラスとなって柱の機能をかねる場合、壁と柱と窓は一つの機能に結合され、建築の機構に概念は解消されてしまう。しかも、窓を構成する機能概念の要素は保持されている。機能概念を技術に適用する試みは、日進月歩する技術の一般概念を把握しようとする試みでもあったのである。

技術の論理をめぐる議論の中で、機能の論理と技術の論理は相補的なものとされている。一方で、機能概念は技術概念の領域に寄与するが、他方では、技術の論理は単なる骨組みに過ぎない機能概念に方向を与える強みをもっている。ただし、技術概念にも限界があるため、生産との関連で考慮する必要がある。技術は非現実と現実の相互転換をもたらすが、その前提として人間的目的的方向があった。しかし、再生産の過程において、(57)この人間的目的性が拡大され、他のもの

(55)　中井前掲論文、三一頁。

(56)　硬質ガラスが「窓であると同時に文柱としての壁をも意味する」ことは『光画』に掲載された「壁」（一九三二年）でも論じられていた（『中井正一全集3』美術出版社、一九八一年、二九六頁）。

(57)　「委員会の論理」下篇では再生産と欲望が言及されている。労働力の生産は個々人の再生産である。衣食住への欲望は風土にしたがってことなり、「〔……〕欲望の範囲並びに充足様式はそれ自身歴史と成り、その文化段階を形成するのである」（中井正一「委員会の論理（下）――一つの草稿として」『世界文化』第一五号（一九三六年三月号）、一四頁）。再生産の過程において、目的性は拡大され、転換され、ついには「自己疎外的な様相」を持ち来る。こうした過程における合理性の解明を行うものが生産の論理と規定されている。それは概念の自己疎外の可能性、およびその現実化について検討するものである。これらの議論からうかがえ

に転化する可能性がある。それを解明するのが生産の論理である。

桎梏としての委員会

討論、思惟、技術、生産について説明したのち、中井は再び商品化と専門化の問題にたちもどる。これらの問題は二種類の委員会を例にして説明される。まず、会社専属の技術委員会は、秘密委員会となる場合もあり、商品的性格における無批判性と大衆からの脱離が生じうるという。大工業的企業の一部署であるこの技術委員会に対し、ギルド的手工業的機構の性格を保持するのが研究的委員会である。その自由競争性によって学問研究における縄張り根性が生み出され、また協同的統一性からの遊離としての非協同性の現象が生じる。そもそも分業化の前提は組織的協同性であったにもかかわらず、次第にこの関連が脱落し、分業的専門化が突出するのである。要するに、商品化と概念の関連については、概念が商品的性格を帯びることで、人間的目的の方向にそっての批判を欠いた「無批判性」の性格をもつことが指摘される。つぎに、分業化、あるいは知的技術の分野における専門化によって生じる問題として、協同的統一性からの遊離としての「非協同性」の現象が指摘されている。

「思想的危機に於ける芸術並にその動向」で中井は、商品化、専門化、大衆化との関連から思想と芸術の危機を描き出していた。「委員会の論理」では、利潤機構に加えて「帝国主義」という言葉がもちいられるようになり、思想と芸術の領域から概念の領域へと焦点が移行している。

問題視されるのは、概念の商品的性格に由来する無批判性であり、専門化の結果として生じた無協同性である。危機論文では「よりよき組織を希望する」ために思想的危機の分析がなされ、論文の末尾では、集団主義機構が利潤機構を脱落する可能性が提示されていた。「委員会の論理」では、無批判性と無協同性から概念を救済する方策として、さらに審議性と代表性からなる実践の論理が提案されることとなる。

「**商品性**と**専門性**より来る概念の**表象化**の二つの姿、即**無批判性**と**無協同性**より概念を救ふにあたつて、我々は二つのものを用意しなければならない。即無批判性に対しては、組織的な**審議性**の確保である。そして、無協同性に対しては、組織的な**代表性**の確立である。

この**審議性**こそ**思惟**と**討論**の論理の総合さる一枝幹であり、**代表性**は**技術**と**生産**の論理の総合さるる他の一枝幹である。

そして、この**審議性**と**代表性**の二つのものの必然的にもつ実践性が即実践の論理の機構で

るように、一九三〇年代における中井の軌跡は関係論の導入から疎外論の導入へと転じているのである。関係論を咀嚼したのちとはいえ、中井のもちいた「自然的欲望」や「人間的目的的秩序」「自己疎外的」といった言葉は、論者によって評価のわかれる点であろう。他方、技術による現実と非現実の転換という指摘、また目的性が再生産の過程で転化するという指摘は再検討に値するのではなかろうか。

あり、ここに集められたる全般的な機能こそ**委員会の論理**の全貌に外ならない」[58]。

中井の考えでは、概念の商品性から生み出された無批判性に対しては、思惟と討論の総合としての審議性を確保しなければならない。他方、概念の専門化によって生起した無協同性に対しては、技術と生産の総合としての代表性が必要となる。思惟―討論の論理と技術―生産の論理の結合により、換言すれば審議性と代表性の実践性によって成立するのが**実践の論理**である。委員会の論理はこれら五つの契機の呼称である以上、実践の論理についてもより詳細に考察する必要があろう。

集団的思考における危機

すでにのべたように、実践の論理は、審議性と代表性からなっている。前者の審議性は、**大衆的潜勢力**、およびその基礎地盤である現実的地盤を前提とした提案を出発点とするものであり、質問と説明をへて決議にいたる。決議がえられると、個人や部署、組織への委任がなされ、実行にうつされる。代表性は委任と実行からなっている。

実践の論理がもつ特徴は、それが回帰的だということである。提案と審議から委任と実行へといたる過程、あるいは審議性より代表性へと転化する過程は計画とよばれる。一つの設計図(Entwurf)としての**計画**は実行をへることにより、結果としての投影図(Geworfenes)、すなわち**報**

告となる。実践という切断を介して計画は報告に転化するのである。こののち、計画と報告のずれが生じるのであるが、それは、現実的地盤からの再検討により是正され、より高次な計画に転化する。

実践の論理をめぐる記述には、様々な論点が見出せる。第一に、危機論文との異同である。「委員会の論理」における実践の論理には、投企（Entwurf）と被投（Geworfen）という危機論文の図式が反響している。[59]ただし、二つの論文には無視し得ない相違がある。危機論文では、投企と被投、企画と記録の関係は並列的な記述にとどまっていたのに対し、「委員会の論理」では投企と被投の転換が強調されている。投企としての計画は実践という切断をへて被投としての報告へと転化するのであり、報告と計画とのずれによって新たな計画がうみだされる。提案、決議、委任、実行という回帰的過程は、実行を媒介的契機とした投企と被投の相互転換の過程と考えられている

（58）同書、二一一頁。
（59）危機論文の場合、投企（Entwurf）の機能として個人における構想と集団における企画が言及され、被投（Geworfen）の機能としては、個人における記憶と集団における記録が指摘されていた。「委員会の論理」では、集団における企画は設計図（Entwurf）としての計画に言い換えられ、集団における記録は投影図（Geworfenes）としての報告に換言されている。この点で、危機論文と「委員会の論理」には、術語が変更されているとはいえ、共通する発想が見いだせる。

のである。危機論文では、単に投企と被投が対置されていたことを考えるなら、集団的思惟をめぐる思考の深化を認めることができるであろう。

第二に、提案、計画、報告、批判からなる回帰的過程が論じられるさい、主体性が言及されていることに注目したい。

「そしてこの**実践**の論理は現実的情勢の反映として、換言すれば主体的條件の客体化として、先づ**提案**があり、更に**計画**と**報告**、その現実的地盤よりの**批判**、この四つの契機を経て、再び提案へと回帰する。この主体的條件より主体的條件への回帰による深化、ここに真の**主体性**の意味があるのでもあり、自からを媒介へと転化する弁証性もあるのである。

この**主体性**の中にある自らの分裂、そこに過程として、歴史として、進展の意味があり、常に二つに分裂する**デイア・ロゴス**の意味もあるのではあるまいか」[60]。

ここで中井は、提案から新たな提案に回帰する過程について説明しながら、次第に、主体性に関する説明に移行している。「委員会の論理」にみられる主体性の概念は、「Subjekt の問題」で提示された実践的主体性の概念を組織のレヴェルにおきかえたものである[61]。実際、後者の論文で中井は、その語源をふくめて、Subjekt の歴史的な意味を整理しているが、その一つが実践的主体性の概念であった。注目したいのは、二論文のあいだにある表現の微妙な相違である。「委員会の論理」では「**主体性**の中にある自らの分裂」が指摘されているものの、極めて簡潔な表現に切り詰められてしまっている。これに対して、「Subjekt の問題」に遡行するならば、主体における危機的契機がより強調されていたことに気がつくはずである。

「主体性とは、実体性に対立することに於てその明瞭な姿をあらはす。〔……〕弁証法的主体性では、自ら否定を媒介として、対立契機の中に、常に自らを規定しつ、発展する過程 Process である。常に自らの崩壊と再建に臨んでゐる無限な危機的契機である。こ、では、一つの基体は常に二つに分裂して、妥協することなく、連続することなく、その対立の媒介に於て自らを規定するところの、安らふ場所なき発展と緊張である。否定を媒介とするところの党派的契機がこの主体性の何うしても忘れることの出来ぬ自己規定でなければならぬ。これを実践的主体性と名づけたいと思ふ[62]」。

中井における実践的主体性は、関係以前の実体ではない。それは自己関係的な否定によって発

（60）同書、二二五頁。
（61）馬場前掲論文、一五六頁。
（62）中井正一「Subjekt の問題」『思想』第一六〇号（一九三五年九月号）、五四頁。

展し、分裂する過程であり、無限な危機的契機を孕むものである。「Subjekt の問題」におけるこうした記述に対して、「委員会の論理」では危機的契機という言葉は後景に退いてしまっている。[63]しかし、「Subjekt の問題」を補助線として「委員会の論理」を読むことによって、集団的思考を「常に自らの崩壊と再建に臨んでゐる無限な危機的契機」に関連づけることができるように思われる。「委員会の論理」では、提案、計画、報告、批判からなる回帰的過程において「**主体性**の中にある自らの分裂」が想定されており、その意味において、委員会は「常に二つに分裂する**デイア・ロゴス**」に関連づけられている。このような組織における分裂は、「Subjekt の問題」の「危機的契機」に対応している。委員会が「危機的契機」を孕むのだとすれば、それは予定調和的な同意形成の場にはならないはずである。

提案としての「委員会の論理」

実践の論理にふくまれる諸問題についてのべてきたが、まだ問題がのこされている。前節では、「**主体性**の中にある自らの分裂」が実践の論理における回帰的過程にふくまれているとのべた。しかし、そのような危機的契機を孕む過程がどのような意味で回帰的でありうるのであろうか。つぎに検討したいのは、実践の論理における回帰性の特徴であり、また、その回帰的過程のなかに論文「委員会の論理」それ自体が位置づけられていることである。

「この**委員会の論理**として、ここに表現した**この図式**も、それが**一つの提案**として呈出さる る事で、この図式は、決して、思惟的図式として完結するのではなくして、実践そのものの中に、自ら位置づける事で、自己表現的な連続を、現実そのものの上に、持つてゐるのではあるまいか。ここにそれを一応図式化して見やう。これも一つの模型であつて、現象の検討の前に如何に耐へるかが読者によつて取上げらるべき問題である。即これも一つの**図式**ではある。しかし、やがて**投影図**と化すべき**設計図**である。この図式が自ら他のものに換はることに又**実践の論理**の重大な意味があるのである」[64]。

すでにのべたように、委員会の論理は、討論―思惟、技術―生産、および実践から成立している。そして実践の論理は、提案、計画、報告、批判をへて新たな提案へと向かう回帰的過程であった。ただし、この過程は同一の状態への回帰ではない。実践の論理には、実行という切断が含まれており、また批判の契機――危機的契機を生み出す力――をへているため、それは変化を孕んだ回帰の過程である。実践の論理のこのような特徴によって「委員会の論理は回帰的でありなが

(63) 反復を避けるため、あるいは「委員会の論理」が一つの論理からなるのではなく歴史上あらわれた諸論理の合成体と考えられていたからであろうか。

(64) 中井正一「委員会の論理（下）――一つの草稿として」『世界文化』第一五号（一九三六年三月号）、一二四頁。

ら、無限進展の過程」となる。[65]

中井は委員会の論理として表現した図式を「**一つの提案**」とのべている。彼は「委員会の論理」それ自体を実践の論理の中に位置づけており、また自らの提示した図式が「自ら他のものに換はること」に重大な意味を見出しているのである。換言すれば、それは一つの提案としての「委員会の論理」が、決議、委任、実行をへて新たな提案に転化する可能性である。このような記述は、「委員会の論理」の自己言及的な特徴を強調するものである。[66] さらに、その記述は「委員会の論理」が、実行という切断をへて「自ら他のものに換はること」の予告であるようにも思われる。「委員会の論理」が発表された一九三六年は『土曜日』の創刊された年でもあったのだから。[67]

一九三〇年代初頭、機能概念を導入した中井は、手稿「集団美」において「相互関連する要素の機構」を論じていた。一九三二年の「思想的危機に於ける芸術並にその動向」では、組織感における快の側面が強調され、一九三三年の「スポーツ気分の構造」では、集団における相互の共同性や集団的実存が記述された。これらの集団の統合性を強調する議論に対して、妨害行為をふくむという意味におけるスポーツの二方向性、逆関係的否定性に関する指摘がなされることもあった。[68] 一九三五年の「Subjekt の問題」では、実践的主体性における分裂が論じられていたが、その前提は弁証法である。一九三六年の「委員会の論理」では、機能概念の価値は限定的なものとなり、組織のレヴェルにおける「**主体性**の中にある自らの分裂」が実践の論理を通して論じられる。スポーツ論で言及された逆関係的否定性が集団間の対立であったのに対して、委員会における「**主体性**の中にある自らの分裂」は集団的思考における自己関係的な否定であり、両者は異

(65)同書、二四頁。
(66)「委員会の論理」に関する中井のプランが、実行をへて修正される場合、ある意味では、中井のプランは保持される。逆に、中井による「提案」が忠実になぞられてしまう場合、実践の論理における回帰的過程は無視されることになる。本稿は、中井の論考を再検討する体裁をとっているが、集団的思考における危機的契機を強調した点は、新たな提案と考える。知識人と大衆の乖離という状況に対して、「委員会の論理」では大衆的潜勢力という言葉がもちいられていたことは評価できる。しかし、「委員会の論理」にはマイノリティについて明示的には記されていないように思われる。マイノリティが委員会に参画し、仮に委員会内部において軋轢が生じたような場合、委員会における自己関係的な否定の契機は、中井の意図とはことなる意味においてだが、重要なものとなるのではなかろうか。
(67)「委員会の論理」は、「自ら他のものに換はること」を待つ一つの提案である。こう考えるなら、「委員会の論理」を公表した後、『土曜日』に関与することによって中井が導き出した新たな提案とは何かという疑問が生まれても不思議ではない。そして、この種の問いは次々に拡張できる。治安維持法違反の嫌疑によって検挙された後になされた、戦時体制に「内在」的な言論活動によっていかなる提案へと導かれたのか（当時の中井にとって、集団的思考における危機的契機はなお重要性を保持していたのであろうか？）。戦後の地方文化運動、そして国立国会図書館の副館長就任以降の活動によって「委員会の論理」はどのような提案へと転化したのだろうか。これらの問いに対しては、新たな論考が必要となるであろう。
(68)中井正一「スポーツ美の構造」（執筆年月不明）、久野収編『中井正一全集1』美術出版社、一九八一年、四二八頁。

なっている。
かつて中井は、実体としての自我という虚構を解体し、社会的集団構成に溶融する身体とその機能を拡張する機械についてのべていた。一九三〇年代初頭、自我の解体の観念は、中井の思考において、相互に規定しあう関連形態としての集団の概念と共存していた。しかし、一九三六年の「委員会の論理」では、「常に二つに分裂する**デイア・ロゴス**」という、危機を孕んだ集団的思考の構想が提示されることになる。そして、中井の素描した「委員会の論理」という提案は、検討されるべき一つの〈問い〉として私たちに残されているのである。

付記

中井正一の著作からの引用にあたっては、旧字体を新字体に改めた。

あとがき

私が美学者の中井正一について論文をまとめたのは、一九九八年にさかのぼる。そしてこの時期以降、私は中井正一についての論文を複数執筆することになった。初期における研究の成果は二〇〇二年の博士論文、「一九三〇年代の中井正一再考：メディア／思想／社会」にまとめた。その学位論文の内容は、二〇〇二年の「中井正一再考――集団的思惟の機構について」で要約した形で発表したが、この論文は第一章という形で本書に組み込まれている。学位論文は、到達点というよりは初期の出発点であった。学位論文を書く過程で、中井正一の読み方がより細かくなっていったのである。本書に収録した論考は、大部分が学位論文の執筆後に書いた論考である。

第一章「中井正一再考――集団的思惟の機構について」では、まず中井の生涯をたどった。次に、中井におけるメディア論的思考に対応する発想を扱った。そして、機能概念の受容を検討し、関係論的思考と形而上学的区別の批判について述べた。さらに、実体としての意識を否定した上で、集団的思惟の機構が構想されている点について確認した。具体的には、隔週刊の新聞『土曜日』の実践と映画について考察した。

第二章「中井正一における集団的コミュニケーションの観念」では、まず中井の議論におけるメディア論的、コミュニケーション論的側面に光をあてた。次に映画を手掛かりとして提示された集団主義機構の図式を検討した。そして「委員会の論理」（一九三六年）における実践の論理に注目して中井における集団的コミュニケーションの観念を浮き彫りにした。

第三章と第四章では、「委員会の論理」以前の一九二九年から一九三〇年にかけて展開された中井正一の言語活動論に関する議論を扱っている。第三章「集団／身体／言語活動」では、言語活動の隠喩としてのラグビーを論じた。第四章「中井正一の言語活動論をいかに読むか」は、中井の言語活動論で言及されるライナッハが言語行為論との関連で再読されていることを踏まえて、中井の言語活動論を再読する試みである。

第五章「中井正一と概念の問題」では、中井における機能概念論について論じた。論文「カント第三批判序文前稿について」や「言語」の後、中井は一九三〇年に二篇の「機能概念の美学への寄与」を発表した。それは実体概念から機能概念への移行であり、関係論や固定的な二分法批判の導入であった。しかし、一九三六年の「委員会の論理」になると、機能概念の抽象化が指摘されるようになる。論理学における厳密化が進行し、機能の論理は一般大衆から分離したものになったと見なされる。概念の一般性を回復するためのものとして提案されたのが実践の論理である。

第六章「中井正一における〈性格〉論の諸相」では、中井正一における性格論について述べた。

中井正一の著作では、「性格」という言葉が特殊な意味で用いられることがある。例えば、人間と機械の複合に伴う、映画のレンズやフィルムの感覚知覚への影響を指して、「物理的集団的性格」という言葉が用いられる。他方では、スポーツをする者の感じる気分が「性格」という言葉を用いて論じられることもある。ここで論じた〈性格〉論は、主として『中井正一全集』に収録された論考を対象としているが、中井の直筆草稿やメモ段階の未刊行資料をも考慮した。

第七章「集団的思考と危機――三〇年代の中井正一と分裂するディア・ロゴス」の後半では、著名な論考、「委員会の論理」を扱った。まず前半では、中井における機能概念の導入を検討し、関係論や固定的な二分法の批判について言及した。次に、機能概念を背景とした集団をめぐる探究について論じた。中井における集団は、人間と機械の複合という特徴を持っていた。「思想的危機に於ける芸術並にその動向」では、個人主義機構と並んで集団主義機構が素描されており、それは集団的思考のモデルと考えられる。「思想的危機に於ける芸術並にその動向」では、商品化、専門化、大衆化との関連から、中井は思想と芸術の危機を論じていた。中井はまた、芸術における創作的構造の転換、個人主義的機構から利潤を目的とした集団主義的機構への転換を論じていた。集団主義機構の構想は、思想的危機を乗り越えるための試みであった。「委員会の論理」においても、商品化と専門化の問題が扱われ、その超克のために提案、決議、委任、実行という回帰的過程からなる実践の論理が論じられる。この回帰的過程は、自己関係的否定によって発展し分裂する過程であり、危機的契機を孕みうることが注目される。

ここに集められた七篇の中井論は、二六年間の間に書き継がれた論考のなかから選ばれたものである。本の作成にあたっては、カンナ社の石橋さんと青灯社の山田さんのお世話になった。記して感謝したい。

二〇二四年六月　門部　昌志

初出一覧

第一章　「中井正一再考——集団的思惟の機構について」
『県立長崎シーボルト大学国際情報学部紀要』第三号、二〇〇二年。

第二章　「中井正一における集団的コミュニケーションの観念」
『県立長崎シーボルト大学国際情報学部紀要』第五号、二〇〇四年。

第三章　「集団／身体／言語活動」
『県立長崎シーボルト大学国際情報学部紀要』第七号、二〇〇六年。

第四章　「中井正一の言語活動論をいかに読むか」
『研究紀要』長崎県立大学国際情報学部、第九号、二〇〇八年。

第五章　「中井正一と概念の問題」
『研究紀要』長崎県立大学国際情報学部、第一四号、二〇一三年。

第六章　「中井正一における〈性格〉論の諸相」
『研究紀要』長崎県立大学国際社会学部、第三号、二〇一八年。
第七章　「集団的思考と危機Ⅰ——１９３０年代の中井正一」
『研究紀要』長崎県立大学国際社会学部、第五号、二〇二〇年。
「集団的思考と危機Ⅱ——１９３０年代の中井正一と分裂するディア・ロゴス」
『研究紀要』長崎県立大学国際社会学部、第六号、二〇二一年。

［著者］門部昌志（もんべ・まさし）１９６８年生まれ。１９９９年、大阪大学大学院人間科学研究科博士後期課程社会学専攻単位取得満期退学。１９９９年、県立長崎シーボルト大学国際情報学部情報メディア学科専任講師。２００２年、大阪大学大学院人間科学研究科博士後期課程にて学位取得（人間科学博士）。２００３年10月から２００４年３月までグルノーブル第三大学メディア・コミュニケーション研究所にポスト・ドクターとして滞在。現在、長崎県立大学シーボルト校国際社会学部国際社会学科准教授。論文に、「マス・コミュニケーション研究における「収斂」の問題――モーレイの理論をめぐって」『ソシオロジ』42（３）などがある。

中井正一再考

――集団／身体／言語活動

2024 年 9 月 20 日　第 1 刷発行

著　者　門部昌志

発行者　辻　一三

発行所　株式会社青灯社

東京都新宿区新宿 1 − 4 −13

郵便番号 160−0022

電話 03−5368−6923（編集）

　　 03−5368−6550（販売）

URL http://www.seitosha-p.co.jp

振替　00120−8−260856

印刷・製本　モリモト印刷株式会社

Printed in Japan

ISBN978−4−86228−132-6 C0010

小社ロゴは、田中恭吉「ろうそく」（和歌山県立近代美術館所蔵）をもとに、菊地信義氏が作成